Bolos
Criativos

**Biscoitos, muffins e bolos irresistíveis
para todas as ocasiões**

Editora Senac São Paulo – São Paulo – 2010

ADMINISTRAÇÃO REGIONAL DO SENAC NO ESTADO DE SÃO PAULO
Presidente do Conselho Regional
Abram Szajman

Diretor do Departamento Regional
Luiz Francisco de A. Salgado

Superintendente Universitário e de Desenvolvimento
Luiz Carlos Dourado

EDITORA SENAC SÃO PAULO
Conselho Editorial
Luiz Francisco de A. Salgado
Luiz Carlos Dourado
Darcio Sayad Maia
Lucila Mara Sbrana Sciotti
Jeane Passos Santana

Gerente/Publisher:
Jeane Passos Santana (jpassos@sp.senac.br)
Coordenação Editorial:
Márcia Cavalheiro Rodrigues de Almeida (mcavalhe@sp.senac.br)
Thaís Carvalho Lisboa (thais.clisboa@sp.senac.br)
Comercial:
Marcelo Nogueira da Silva (marcelo.nsilva@sp.senac.br)
Administrativo:
Luís Américo Tousi Botelho (luis.tbotelho@sp.senac.br)

Tradução de Texto:
Renata Lucia Bottini
Edição de Texto:
Maísa Kawata
Revisão de Texto:
Denise de Almeida, Luiza Elena Luchini (coord.), Marta Lúcia Tasso
Editoração Eletrônica:
JS Design
Projeto Gráfico Original:
Monia Petrolini
Fotografias:
Davide Di Prato
Impressão e Acabamento:
Castelli Bolis Poligrafiche srl

Traduzido de
Torte creative (ISBN 978-88-6154-182-5)
© Food Editore, Parma (www.gruppofood.com)

Proibida a reprodução sem autorização expressa.
Todos os direitos desta edição reservados à
Editora Senac São Paulo
Rua Rui Barbosa, 377 – 1º andar – Bela Vista – CEP 01326-010
Caixa Postal 1120 – CEP 01032-970 – São Paulo – SP
Tel. (11) 2187-4450 – Fax (11) 2187-4486
E-mail: editora@sp.senac.br
Home page: http://www.editorasenacsp.com.br

© Edição brasileira: Editora Senac São Paulo, 2010

Dados Internacionais de Catalogação na Publicação (CIP)
(Câmara Brasileira do Livro, SP, Brasil)

Gardani, Romana
   Bolos criativos : biscoitos, muffins e bolos irresistíveis para todas as ocasiões / Romana Gardani ; [tradução Renata Lucia Bottini]. – São Paulo : Editora Senac São Paulo, 2010.

   Título original: Torte creative
   ISBN 978-85-7359-998-5

   1. Bolos (Culinária) 2. Biscoitos (Culinária) I. Título.

10-07190　　　　　　　　　　　　　　　　CDD-641.8653

Índices para catálogo sistemático:
1. Biscoitos : Receitas : Culinária : Economia
      doméstica   641.8653
2. Bolos : Receitas : Culinária : Economia
      doméstica   641.8653

sumário

introdução	4
técnicas **básicas**	6
bolos criativos **para todas as ocasiões**	30
bolos criativos **para crianças e jovens**	68
bolos criativos **para festas**	90
moldes	116
índice das receitas e dos bolos	126

introdução

ERA UMA VEZ A TORTA DE MAÇÃ...

Cansado dos bolos habituais redondos ou quadrados?

Fazer bolos diferentes dos comuns, mais criativos e divertidos, não é assim tão difícil: começa com uma ideia, depois vem a elaboração de um projeto e, com poucas técnicas básicas, pode-se obter um esplêndido resultado.

Neste livro, você encontrará doces para todas as ocasiões, do aniversário às festas mais tradicionais, e também ideias para deixar feliz a amiga apaixonada por moda ou jardinagem, festejar a chegada de um novo bebê, as bodas dos avós ou, simplesmente, uma excelente nota na escola.

Só é preciso um pouco de imaginação, uma boa dose de habilidade manual e um punhado de confeitos para decorar seus doces com alegria.

Nenhuma receita apresentada aqui exige habilidades culinárias especiais: de fato, na primeira parte, selecionamos as receitas mais fáceis de fazer e mais apropriadas para transformarem-se em divertidos doces temáticos, além das coberturas e recheios mais irresistíveis e apetitosos.

Damos a base para iniciar um percurso que o levará a desenvolver a criatividade que você não sabia que tinha. Divirta-se ousando ultrapassar limites!

5

massas básicas 8, cremes e recheios 17, coberturas 18, criar com pasta americana ou de amêndoas 20, montar bolos 21, glacê 22, glacê de chocolate 24, utensílios indispensáveis 26, decorar com açúcares e balas 28

técnicas
básicas

massas básicas

Os bolos e os doces que apresentamos nas páginas seguintes são particularmente apropriados para rechear e depois cobrir com a pasta de açúcar (americana) ou a de amêndoas (marzipã) e com glacê, de açúcar ou de chocolate, por sua consistência, rica e encorpada, muito fácil de decorar.

pão de ló

para 4 pessoas; Ø 22 cm

150 g de farinha de trigo
150 g de açúcar, 4 ovos
1 colher de sopa de fermento em pó
manteiga e farinha para untar a forma

❶ Bater os ovos e o açúcar em banho-maria com um fouet (ou com um mixer).

❷ Acrescentar a farinha peneirada com o fermento e misturar com uma espátula, mexendo de baixo para cima, para que o ar seja incorporado à mistura.

❸ Unte e enfarinhe levemente uma forma desmontável.

❹ Transfira a massa para a forma e leve ao forno preaquecido a 180 °C por cerca de 30 minutos, ou até que o bolo esteja bem crescido e com uma bela cor dourada.

o confeiteiro aconselha
Para um pão de ló mais macio, use metade da quantidade de farinha, acrescente 75 g de fécula de batata e substitua o açúcar comum por açúcar de confeiteiro. Para um pão de ló de chocolate, acrescente aos ingredientes 30 g de chocolate em pó.

bolo chococafé

para 4 pessoas; Ø 22 cm

100 g de farinha de trigo
120 g de manteiga, 100 g de açúcar
3 colheres de chocolate amargo, 2 ovos
½ colher de sopa de fermento em pó
1 xícara grande de café com pouco açúcar
leite, sal

❶ Coloque a manteiga à temperatura ambiente na batedeira juntamente com o açúcar e bata em velocidade baixa até obter uma mistura espumosa. Junte os ovos ligeiramente batidos, a farinha, 2 colheres rasas de chocolate amargo e uma pitada de sal. Acrescente 2 colheres de leite e, finalmente, o fermento em pó.

❷ Coloque a massa em uma assadeira untada. Misture uma colher de chocolate com uma de açúcar e espalhe de modo uniforme sobre a massa. Complete despejando rapidamente o café já frio. Leve ao forno a 180 °C por 30 a 35 minutos.

bolo de trigo sarraceno

para 8 pessoas; Ø 28 cm

300 g de farinha de trigo sarraceno
300 g de manteiga, 300 g de açúcar
3 colheres de farinha de trigo
6 ovos, 1 colher de sopa de fermento em pó
1 colher de sopa de açúcar de baunilha

para o recheio
geleia de mirtilo

❶ Misture os dois tipos de açúcar à manteiga à temperatura ambiente. Bata bem e acrescente as 2 gemas, uma de cada vez, misturando até obter uma massa cremosa. Peneire as farinhas e o fermento, depois acrescente à massa.

❷ À parte, bata as claras em neve firme e incorpore-as delicadamente ao restante. Coloque a massa em uma forma ligeiramente untada e enfarinhada e leve ao forno a 180 ºC por, pelo menos, 45 minutos.

❸ Espere esfriar, corte pela metade lateralmente e recheie com geleia de mirtilo.

o confeiteiro aconselha
De modo geral, se está pensando em rechear um bolo, considere assá-lo em uma forma de Ø 4 cm menor para obter a altura correta, mas assando-a por mais 5 a 10 minutos.

doce de manteiga com calda de frutas cítricas

para 6 pessoas; Ø 26 cm

250 g de manteiga
250 g de farinha de trigo
250 g de açúcar
4 ovos
1 laranja orgânica
1 limão orgânico
1 colher de chá de fermento em pó
4 colheres de sopa de água quente

para a calda
o suco da laranja e do limão
100 g de açúcar

❶ Misture a manteiga à temperatura ambiente com o açúcar e bata. Junte a casca ralada do limão e da laranja. Acrescente os ovos, um de cada vez, juntando um pouco de farinha se a mistura não tiver consistência. Adicione o resto da farinha, peneirando-a com o fermento e, por fim, a água. Coloque a massa em um tabuleiro forrado com papel-manteiga e leve ao forno a 175 ºC por cerca de 30 minutos.

❷ Prepare a calda colocando o suco das frutas cítricas e o açúcar em uma panelinha e leve ao fogo baixo. Misture até o açúcar derreter e deixe ferver por alguns minutos. Tire do fogo e mantenha quente, tampado.

❸ Retire o bolo do forno e faça furinhos com um palito de dentes. Pincele metade da superfície com a calda. Espere que absorva por alguns minutos. Vire o bolo com delicadeza sobre uma grade e pincele com o resto da calda.

técnicasbásicas

bolo manchado

para 8 pessoas; Ø 26 cm

½ kg de farinha de trigo
3 ovos
150 g de açúcar
1 cálice de licor de anis
2 colheres de sopa de fermento em pó
1 copo de leite
170 g de manteiga
½ limão orgânico
25 g de chocolate em pó

❶ Coloque a farinha em uma tábua e faça um buraco no meio. Adicione os ovos, o açúcar, o licor, o leite, 150 g de manteiga, o fermento e a casca ralada de limão.

❷ Trabalhe a massa com as mãos até obter uma massa lisa e homogênea. Separe 1/3 da massa e junte a ela o chocolate. Unte um tabuleiro e coloque metade da massa branca. Cubra-a com a parte que tem chocolate e forme uma última camada de massa branca.

❸ Leve ao forno a 180 ºC até dourar.

o confeiteiro aconselha
Para o perfeito cozimento do bolo, verifique a consistência espetando-o com um palito: ele deverá sair sem resíduos de massa.

bolo de creme de ricota

para 6 pessoas; Ø 24 cm

150 g de chocolate amargo
150 g de manteiga
150 g de açúcar
1 pitada de sal
6 ovos
150 g de farinha de trigo

para o creme
70 g de creme de avelã
50 g de chocolate amargo
200 g de ricota
80 ml de creme de leite fresco

❶ Prepare o pão de ló derretendo o chocolate em banho-maria. Misture a manteiga à temperatura ambiente ao açúcar e uma pitada de sal. Junte o chocolate derretido e as gemas, uma a uma, misturando a cada adição. Bata as claras em neve e acrescente delicadamente, com uma colher de pau. Peneire a farinha sobre a massa e continue a misturar.

❷ Forre uma forma desmontável de 24 cm de diâmetro com papel-manteiga. Coloque a massa e leve ao forno a 160 ºC por 50 minutos. Prepare o creme, trabalhando com a ricota peneirada junto com o creme de avelã. Adicione o chocolate solto e o creme de leite batido em chantilly.

❸ Retire do forno e da forma. Corte o bolo em 4 discos e recheie com o creme.

bolo de nozes com cobertura

para 6 pessoas; Ø 26 cm

185 g de manteiga
185 g de farinha de trigo
100 g de nozes descascadas
95 g de açúcar
6 colheres de sopa de leite fresco
1 colher de chá de fermento em pó
2 ovos, sal

❶ Bata rapidamente com o batedor elétrico a manteiga e o açúcar. Junte os ovos, batidos à parte. Acrescente a farinha e o fermento peneirados, uma pitada de sal e, vagarosamente, o leite em fio.

❷ Pique 60 g de nozes e junte à massa. Passe a massa para uma forma untada e ligeiramente enfarinhada e leve ao forno a 180 °C por 35 minutos. Nesse meio tempo prepare a cobertura: derreta 200 g de chocolate meio amargo com 1 tablete de manteiga em banho-maria (ou no micro-ondas) e deixe amornar, misturando sempre.

❸ Assim que o bolo ficar pronto, espere amornar para desenformar. Quando esfriar, passe a cobertura.

o confeiteiro aconselha
Para que este bolo fique ainda mais macio você pode acrescentar à massa 100 g de pasta de avelã.

bolo 4 partes

para 6 pessoas; Ø 24 cm

125 g de farinha de trigo
250 g de manteiga, 125 g de fécula de batata
250 g de açúcar, 4 ovos grandes
1 colher de chá de fermento em pó
1 limão orgânico, 1 colher de leite

❶ Bata a manteiga à temperatura ambiente com o açúcar. Junte os ovos, um de cada vez, acrescentando um pouco de farinha se a massa não se misturar de maneira uniforme. Adicione a casca de limão ralada.

❷ Junte a farinha, a fécula de batata e o fermento peneirando tudo junto diretamente sobre a massa. Por último, acrescente o leite.

❸ Coloque a massa em uma forma de 24 cm de diâmetro forrada com papel-manteiga e leve ao forno a 180 °C por cerca de 1 hora.

bolo de iogurte

para 4 pessoas; Ø 24 cm

170 g de açúcar, 30 g de açúcar de confeiteiro
50 g de manteiga, 4 ovos
1 embalagem de iogurte (pode ser de frutas)
100 g de farinha de trigo
100 g de fécula de batata
1 colher de sopa de fermento em pó, sal
2 colheres de sopa de chocolate em pó (opcional)

❶ Bata as gemas com o açúcar e o sal. Acrescente a manteiga à temperatura ambiente e o iogurte. Misture bem. Junte a farinha e a fécula de batata peneiradas com o fermento. Adicione 2 colheres de chocolate em pó, se desejar.

❷ Bata as claras com o açúcar de confeiteiro e adicione ao resto da massa. Também é possível colocar todos os ingredientes na batedeira e bater por alguns minutos.

❸ Coloque a massa em uma forma de 24 cm de diâmetro e asse no forno a 170 °C por cerca de 30 minutos.

técnicasbásicas

bolo de cenoura

para 6 pessoas; Ø 26 cm

200 g de manteiga
150 g de açúcar
260 g de farinha de trigo
15 g de fermento em pó
350 g de cenouras picadas e enxutas
110 g de amêndoas descascadas e picadas
60 ml de creme de leite fresco
6 claras, 8 gemas
75 g de açúcar de confeiteiro

❶ Bata a manteiga à temperatura ambiente com o açúcar e junte as gemas, uma de cada vez.

❷ Adicione a farinha peneirada com o fermento, as cenouras, as amêndoas e o creme de leite.

❸ Acrescente as claras batidas em neve com o açúcar de confeiteiro. Coloque a massa em uma forma de 26 cm de diâmetro forrada com papel-manteiga e leve ao forno a 185 °C por cerca de 50 minutos.

o confeiteiro aconselha
Em lugar de colocar a massa em uma forma redonda, use uma forma retangular de bolo inglês.

bolo macio de frutas cítricas e chocolate ao leite

para 4 pessoas; Ø 20 cm

150 g de chocolate ao leite
95 g de amêndoas
60 g de farinha de trigo
½ colher de chá de fermento em pó
1 limão orgânico
1 laranja orgânica
4 ovos
125 g de açúcar
2 colheres de sopa de leite
170 ml de creme de leite fresco
Sal

❶ Unte uma forma de fundo falso e cubra o fundo com papel-manteiga. Pique 100 g de chocolate no liquidificador junto com 1 colher de sopa de casca ralada das frutas cítricas. Depois junte a farinha e as amêndoas e bata mais um pouco no liquidificador. Bata as gemas e o açúcar na batedeira. Acrescente a mistura batida no liquidificador e o leite morno.

❷ À parte, bata as claras em neve com uma pitada de sal e misture-as delicadamente à massa, com o auxílio de uma espátula, fazendo movimentos de baixo para cima. Junte o fermento e coloque a massa na forma. Leve ao forno por 45 minutos a 180 °C e deixe esfriar sobre uma grade para que saia toda a umidade que se forma durante o cozimento. Corte o bolo ao meio no sentido horizontal (para obter um corte perfeito, deixe o bolo descansar por 30 minutos na geladeira).

❸ Derreta o chocolate restante em banho-maria e espalhe pela base do bolo. Recheie com o creme de leite batido e cubra com a parte superior. Deixe esfriar no refrigerador por 20 minutos.

bolo rústico de Capri

para 6 pessoas; Ø 22 cm

300 g de amêndoas, 5 ovos
200 g de açúcar, 100 g de manteiga
280 g de chocolate amargo
3 colheres de sopa de amido de milho
1 colher de sopa de fermento em pó
½ copo de licor amaretto
1 colher de chá de pasta de avelã pura (ou extrato de amêndoas)
1 colher de chá de essência de baunilha, sal

❶ Pique grosseiramente as amêndoas no liquidificador com o açúcar. Despeje em uma tigela e junte os ovos, batendo vigorosamente. À parte, derreta o chocolate em pedaços com a manteiga e espere amornar. Misture os ovos e o licor, a baunilha, a pasta de avelãs, o amido de milho e uma pitada de sal.

❷ Acrescente a mistura de chocolate e manteiga e mexa bem. Depois adicione o fermento peneirado. Despeje em uma forma desmontável de 22 cm de diâmetro forrada com papel-manteiga, untado e enfarinhado nas bordas e asse por 45 minutos a 180 ºC.

o confeiteiro aconselha
Ao picar as amêndoas com o açúcar, preste atenção para não aquecer demais os frutos secos, para que não percam o rico óleo que contêm.

torta Sacher

para 4 pessoas; Ø 22 cm

200 g de chocolate amargo
125 g de manteiga à temperatura ambiente
150 g de açúcar de confeiteiro
10 claras, 8 gemas
1 colher de sopa de essência de baunilha
120 g de farinha de trigo
½ colher de chá de fermento, sal

para o recheio
½ vidro de geleia de damasco

para o glacê
150 g de açúcar de confeiteiro
1 xícara de creme de leite fresco, 1 gema
90 g de chocolate amargo

❶ Pique o chocolate amargo e cozinhe em banho-maria. Bata 8 gemas e junte o chocolate derretido já morno. Acrescente 100 g de manteiga, 1 colher de chá de baunilha e o açúcar.

❷ Bata as 10 claras em neve com uma pitada de sal até ficarem firmes. Despeje 1/3 no creme de chocolate, misturando delicadamente de baixo para cima. Junte a farinha, as claras que sobraram e o fermento.

❸ Unte e enfarinhe duas formas com diâmetro aproximado de 22 cm. Coloque metade da massa em cada uma delas; leve ao forno a 170 ºC por 35 minutos. Espere esfriar. Cubra uma delas com a geleia de damascos e coloque a outra por cima.

❹ Prepare o glacê cozinhando o chocolate e o creme de leite em fogo baixo por 5 minutos. Acrescente o açúcar. Para verificar o grau de consistência do glacê coloque 1 colher de chá em um copo de água fria. Se ele se adensar, o glacê está pronto para cobrir a torta. Deixe a torta na geladeira por, pelo menos, 3 horas antes de servir.

bolo de amêndoas e chocolate

para 6 pessoas; Ø 26 cm

300 g de chocolate amargo
250 g de manteiga, 5 ovos
100 g de amêndoas
150 g de farinha de trigo
4 colheres de sopa de açúcar
1 colher de sopa de fermento em pó

❶ Dissolva o chocolate em pedaços e a manteiga em uma panela, até obter uma mistura uniforme. Espere amornar. Bata os ovos com o açúcar até ficarem cremosos e acrescente as amêndoas picadas, a farinha, o fermento e a mistura de manteiga e chocolate.

❷ Despeje a massa em uma forma desmontável ligeiramente untada e enfarinhada. Leve ao forno a 160 °C por 45 minutos. Espere que o bolo esfrie na forma e desenforme depois.

bolo de amêndoas com laranja

para 6 pessoas; Ø 26 cm

200 g de farinha de trigo
200 g de farinha de amêndoas
200 g de manteiga à temperatura ambiente
200 g de açúcar
4 ovos
1 colher de chá de canela
2 colheres de chá de fermento
1 colher de chá de cascas de laranja picadas (frescas ou cristalizadas)
1 pitada de sal

❶ Bata a manteiga à temperatura ambiente com o açúcar, junte as cascas de laranja e depois as gemas, uma de cada vez. Bata as claras em neve com a pitada de sal. Peneire as duas farinhas com o fermento e a canela e junte às claras, acrescentando também, alternadamente, a mistura de manteiga.

❷ Coloque a massa em uma forma de 26 cm forrada com papel-manteiga e leve ao forno a 170 °C por cerca de 50 minutos.

o confeiteiro aconselha
Quando a receita disser para bater a manteiga à temperatura ambiente, jamais a derreta no fogo; melhor cortá-la em cubinhos e esperar alguns minutos até que fique macia.

muffin

para 6 muffins

60 g de manteiga
250 g de farinha de trigo
125 g de açúcar
250 ml de leite
1 ovo
1 colher de sopa de fermento em pó
1 pitada de sal

❶ Derreta a manteiga em banho-maria. À parte, peneire a farinha com o açúcar, depois junte o ovo, a manteiga derretida, o leite, o sal e o fermento. Misture até obter uma massa homogênea.

❷ Coloque a massa em formas para muffin (de papel ou com revestimento antiaderente) enchendo-as até 2/3 da altura.

❸ Asse no forno a 175 ºC por 20 a 25 minutos, até ficarem dourados.

muffin de chocolate

para 10 muffins

200 g de avelãs descascadas
180 g de manteiga
6 claras
155 g de farinha de trigo
30 g de chocolate em pó
250 g de açúcar de confeiteiro

❶ Pique finamente as avelãs no liquidificador. Derreta a manteiga em uma panela pequena por 4 minutos, deixando-a dourar ligeiramente. Espere esfriar.

❷ Bata as claras em neve. Peneire a farinha, o açúcar e o chocolate em uma tigela, junte as avelãs, as claras batidas e a manteiga.

❸ Misture bem e despeje em 10 forminhas individuais (melhor as de silicone) até a metade da altura. Leve ao forno a 200 ºC por 20 a 25 minutos. Para verificar o cozimento no centro, espete um palito de dentes. Espere esfriar.

merengue

para 12 merengues

100 g de claras
200 g de açúcar

❶ Coloque as claras em uma tigela, junte o açúcar e comece a bater a mistura em neve.

❷ Trabalhe as claras até que, imergindo o batedor na mistura, se formem pontas firmes.

❸ Distribua a massa em um tabuleiro forrado com papel-manteiga, com o auxílio de um saco de confeitar.
O cozimento a baixas temperaturas é o melhor método de fazer merengues, que assim secam melhor. Podem ser cozidos até a 100 °C abreviando o tempo de cozimento, que varia de 1 a 3 horas, segundo suas dimensões.

Os merengues podem ser coloridos com corantes alimentícios, que devem ser acrescentados no momento de montar as claras em neve firme.

o confeiteiro aconselha
Para o cozimento perfeito dos merengues sempre é bom deixá-los esfriar completamente ainda dentro do forno.

massa para biscoitos

para 20-30 biscoitos pequenos

140 g de manteiga à temperatura ambiente
360 g de farinha de trigo
120 g de fécula de batata, 200 g de açúcar, 2 ovos
1 limão orgânico (opcional), 1 pitada de sal

❶ Misture a manteiga, a farinha, a fécula de batata, o açúcar, a casca de limão ralada e o sal. Por último, acrescente o ovo. Trabalhe a massa rapidamente e deixe descansar na geladeira por 30 minutos.

❷ Estenda a massa sobre papel-manteiga e corte as figuras. Asse no forno a 140 °C por aproximadamente 12 a 20 minutos, dependendo da intensidade do dourado do biscoito.

cremes e recheios

os doces ficam ainda mais apetitosos se forem recheados com cremes macios e aveludados, que são particularmente necessários quando se preparam modelos que exigem bolos de espessura considerável, que, de outro modo, ficariam secos demais.

creme de chocolate

para um bolo de Ø 30 cm

500 ml de creme de leite fresco
250 g de creme de avelãs e chocolate em pasta

Bata o creme de leite e junte delicadamente ao creme de avelãs e chocolate.

creme de limão

para um bolo de Ø 24 cm

1 ovo, 30 g de fécula de batata, 150 ml de água,
100 g de açúcar, 25 g de manteiga, 2 limões orgânicos

Em uma panela pequena, dilua a fécula de batata e o açúcar despejando a água em fio. Depois acrescente a manteiga e espere ferver, misturando sempre. Assim que a mistura engrossar, retire do fogo e junte o ovo, a casca de um limão e o suco de 2 limões. Espere esfriar cobrindo a superfície do creme com filme.

creme macio de chocolate e avelãs

para um bolo de Ø 22 cm

50 g de chocolate amargo em lascas
500 g de creme (ver ao lado)
400 g de creme de chocolate e avelã

Dissolva o chocolate amargo no creme quente. Espere esfriar e depois acrescente delicadamente o creme de chocolate e avelã.

creme

para um bolo de Ø 30-32 cm

1 l de leite, 200 g de açúcar
6 gemas, 120 g de farinha de trigo
1 baga de baunilha, açúcar de confeiteiro, sal

Aqueça o leite no fogo, com a baga de baunilha para aromatizá-lo. Bata o açúcar, as gemas e a farinha peneirada em um recipiente até obter uma mistura homogênea. Despeje a mistura de açúcar, ovos e farinha no leite quente e misture. Cozinhe em fogo moderado, continuando a misturar até que o creme fique mais espesso. Assim que ferver, retire do fogo e elimine a baga de baunilha. Transfira o creme para uma tigela, polvilhe com açúcar de confeiteiro e cubra o creme com filme transparente. Conserve na geladeira.

creme de café

Acrescente ao creme, antes de cozinhar, 2 a 3 colheres de café bem forte. Outra alternativa é aromatizar com café também o creme de chocolate ao lado, acrescentando 1 xícara de café expresso.

técnicasbásicas 17

coberturas

lisos, perfeitos, prontos para ser decorados com as técnicas mais originais e criativas, os bolos com cobertura são belíssimos. As pastas de cobertura doces são maleáveis e fáceis de trabalhar

pasta americana

para um bolo de Ø 28 cm

½ kg de açúcar de confeiteiro
1 clara
30 ml de glucose líquida

Peneire o açúcar de confeiteiro, depois misture todos os ingredientes até obter uma pasta maleável, ligeiramente mais macia do que a massa de talharim, acrescentando algumas gotas de água se a massa ficar dura demais. Também é possível usar um liquidificador ou uma batedeira. Depois envolva a pasta com filme ou coloque em um recipiente plástico com tampa hermética para protegê-la do ar e da umidade. A pasta americana mantém a elasticidade por cerca de um mês.

pasta americana com marshmallow

para um bolo de Ø 22 cm

200 g de marshmallow
200 g de açúcar de confeiteiro peneirado
4 colheres de sopa de água

Dissolva o marshmallow com a água em banho-maria. Retire do fogo e acrescente parte do açúcar de confeiteiro. Pulverize a área de trabalho com o açúcar de confeiteiro e coloque aí a mistura. Trabalhe a massa com a ajuda de mais açúcar de confeiteiro, à medida que necessitar. Envolva no filme e deixe descansar 24 h à temperatura ambiente.

pasta de amêndoas (marzipã)

para um bolo de Ø 22 cm

220 g de farinha de amêndoas
220 g de açúcar de confeiteiro
30 g de açúcar de confeiteiro (para pulverizar a superfície de trabalho)
1 colher de chá de suco de limão
1 colher de chá de essência de amêndoas
2 claras

Misture todos os ingredientes e trabalhe até que a pasta fique bem homogênea e macia para estender (também é possível fazer isso na batedeira). A mistura deve ser manipulada sempre com a ajuda do açúcar de confeiteiro, para que não grude na superfície de trabalho ou no rolo de macarrão. Se ela ficar um pouco dura, junte algumas gotas de clara; se, ao contrário, ficar macia demais, junte açúcar de confeiteiro. A pasta de amêndoas dura cerca de um mês na geladeira, envolvida em filme.

A pasta de amêndoas ou marzipã e a pasta de açúcar ou americana estão disponíveis no comércio em forma de tijolinhos prontos para abrir. A pasta americana pode ser aberta mais fina do que a de amêndoas, menos firme e, portanto, mais frágil.

preparar a base a ser coberta
Para aderir a cobertura de pasta americana ou de amêndoas, sempre é necessário espalhar na superfície do bolo uma camada de geleia de damasco quente e líquida.

abrir a pasta americana ou de amêndoas
Depois de tê-la trabalhado para que fique macia, abra a pasta com o rolo de macarrão na superfície de trabalho pulverizada com açúcar de confeiteiro

dar acabamento à cobertura
Cole a cobertura ao bolo com as mãos, depois corte o excesso de pasta com um cortador de pizza ou uma faca amolada. Utilize as sobras de pasta para as decorações.

transferir a cobertura para o bolo
Pulverize a pasta americana ou a de amêndoas com o açúcar de confeiteiro e enrole-a no rolo de macarrão. Depois coloque o rolo sobre o bolo e desenrole delicadamente.

técnicas*básicas*

criar com pasta americana ou de amêndoas

modelar
Trabalhe a pasta americana até que fique macia, depois molde-a nos formatos que desejar. Cole as partes pequenas com um pincel úmido e fixe as maiores com um palito de dentes.

colorir
Com um palito de dentes, retire algumas gotas de corante hidrossolúvel e pingue na pasta americana ou no marzipã. O corante é muito concentrado: acrescente-o aos poucos e trabalhe a pasta até obter uma cor uniforme e homogênea. Tenha em mente que, para as cores claras, a quantidade de cor base necessária é muito pequena: por exemplo, para fazer o cor-de-rosa, basta pouquíssimo vermelho, para o azul-celeste, pouquíssimo azul.

Para dar brilho à pasta americana ou de amêndoas, pincele a superfície com uma camada finíssima de geleia de damasco diluída em pouca água e aquecida em banho-maria, tendo o cuidado de não molhá-la demais para não dissolver o açúcar.

montar bolos

unir vários muffins
Para obter formatos diferentes com os muffins (ver receitas nas páginas seguintes) una-os com palitos, dispondo-os na forma que desejar. Se for cobri-los com glacê, una-os enquanto o glacê ainda não tiver endurecido.

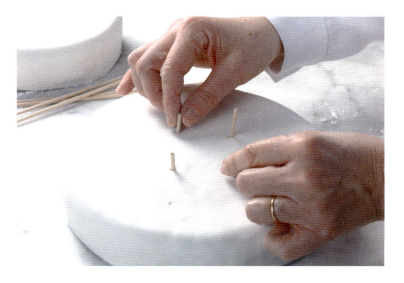

bolos em camadas: reforçar a base
Para sustentar as camadas superiores, a base do bolo deve ser reforçada com espetinhos de madeira, cortados na altura do bolo e inseridos até desaparecerem no bolo inferior.

sobrepor os planos
Apoie o bolo utilizado como camada superior em um reforço de papelão, espalhe pouco glacê no bolo inferior onde foram inseridos os espetinhos de reforço, depois apoie sobre ele o bolo superior. Esse sistema funciona até a sobreposição de três bolos não muito pesados: caso contrário será necessário usar cavilhas específicas e suporte de plástico, que podem ser encontrados em lojas especializadas.

moldando um bolo
Para moldar um bolo, faça o modelo em cartolina, apoie-o sobre o bolo – antes de espalhar sobre ele a geleia quente – e recorte com uma faca, trabalhando na vertical para obter um corte preciso.

técnicasbásicas

glacê

macio quando se abre, o glacê endurece quando se adensa; com ele podem-se cobrir completamente bolos e muffins, e também fazer decorações fáceis.

glacê real

para um bolo de Ø 20 cm

200 g de açúcar de confeiteiro
1 clara, 1 limão

Misture o açúcar de confeiteiro à clara, acrescentando algumas gotas de suco de limão. A mistura deve ficar bastante fluida.

O glacê pode ser conservado em um recipiente a vácuo por 7 dias, mas depois de 24 horas deve ser batido novamente, porque se separa.

colorir o glacê

Adquira corantes alimentícios em gel hidrossolúvel ou líquidos. Coloque a ponta de um palito no corante e depois no glacê. Misture energicamente para obter um efeito homogêneo, adicionando o corante pouco a pouco para definir o grau de coloração desejado.

o confeiteiro aconselha
Peneire sempre o açúcar de confeiteiro antes de utilizá-lo, para evitar a formação de grumos. De acordo com a utilização e a densidade desejada, acrescenta-se mais ou menos açúcar ao glacê. Se não houver um saco de confeitar disponível, você pode fazer um utilizando um triângulo de papel-manteiga.

glacê denso

O glacê para decorar ou para escrever deve ser mais denso: erguendo a colher da tigela, deve formar um "pico" que mantenha a forma sem cair. Com essa finalidade, acrescenta-se mais açúcar de confeiteiro, até atingir essa densidade. Usa-se sempre um saco de confeitar com bico para recobrir ou decorar em ramalhete como na foto ao lado.

glacê líquido

O glacê de cobertura – ou glacê líquido – deve ter uma densidade "em fio: erguendo a colher da tigela o glacê deve formar um fio que permaneça em evidência por cerca de 2 segundos.

cobrir com glacê O glacê líquido é utilizado para cobrir os doces. Despeja-se diretamente da tigela, ele se expande sozinho ou com a ajuda de uma espátula, e espera-se endurecer antes de servir. Antes de cobrir um bolo com glacê, sempre é bom colocar antes uma camada finíssima de geleia de damasco.

decorar com glacê Para reproduzir moldes pequenos, coloque papel-manteiga sobre um quadrado de poliestireno e prenda-o com alfinetes. Defina o contorno do desenho com glacê denso, depois encha a parte interna com o glacê líquido, usando um palito para fazê-lo chegar a todos os ângulos.

técnicasbasicas

glacê de chocolate

cobertura de chocolate

para um bolo de Ø 22 cm

400 g de chocolate amargo
25 ml de rum

Derreta o chocolate em banho-maria. Junte o rum a gosto e misture. Despeje a mistura obtida sobre o bolo colocado sobre uma grade.

glacê de chocolate

para um bolo de Ø 20 cm

200 g de chocolate amargo
50 g de manteiga
25 ml de creme de leite fresco

Derreta a manteiga e o chocolate em banho-maria. Acrescente o creme de leite. Espalhe o glacê sobre o bolo com o auxílio de uma espátula.

creme de manteiga e chocolate

para um bolo de Ø 30 cm

250 g de manteiga à temperatura ambiente
500 g de açúcar de confeiteiro peneirado
1 colher de chocolate em pó peneirado (a ser diluído com pouca água quente)

Trabalhe a manteiga com uma colher de pau até que fique espumosa. Acrescente o açúcar de confeiteiro aos poucos, e depois o chocolate em pó diluído em pouca água. Finalmente, adicione um extrato aromático.

o confeiteiro aconselha
Para que a cobertura fique mais brilhante você pode acrescentar ao chocolate em banho-maria 8 g de geleia já amolecida e peneirada.

O glacê de chocolate também pode ser feito com chocolate branco.

temperar o chocolate

Este procedimento deixa a cobertura brilhante e uniforme. Depois de ter derretido o chocolate em banho-maria ou no micro-ondas, mexa até que chegue à temperatura de 45 °C (utilize o termômetro de cozinha), atingindo uma consistência líquida e homogênea. Depois despeje ¾ do chocolate em uma superfície de mármore ou acrílico, depois espalhe e nivele. Trabalhe o chocolate com uma espátula de aço inoxidável ou de silicone, dobrando a massa sobre si mesma várias vezes. Espere alguns minutos. Deixe o chocolate esfriar até chegar à temperatura de 27 °C: em parte, o chocolate estará solidificado. Derreta novamente o chocolate em banho-maria, amalgamando delicadamente com a espátula. Deixe a temperatura do chocolate subir novamente a 32 °C e controle seu brilho. Uma vez terminado o procedimento, lembre-se de que o chocolate temperado deve ser utilizado imediatamente, mantendo o recipiente em banho-maria.

decorar com chocolate

A maneira mais simples para decorar com chocolate é derretê-lo e, com um saco de confeitar, traçar os desenhos diretamente sobre o doce ou sobre o papel-manteiga, para que, depois de endurecidos, sejam transferidos para o doce. Para fazer moldes de chocolate, colorido ou não, derreta separadamente, em banho-maria, o chocolate branco, amargo e ao leite. Subdivida o branco em várias tigelas e adicione as cores de chocolate: coloque os desenhos sob uma folha de acetato e encha conezinhos de papel com todos os chocolates. Corte a ponta do conezinho com o chocolate amargo e trace os contornos externos e os detalhes internos. Espere alguns minutos para que endureça. Usando as outras cores, preencha todo o resto, esperando alguns minutos antes de sobrepor uma cor diferente. Espere endurecer até que os modelos se soltem do acetato.

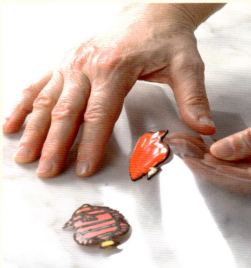

técnicas*básicas* 25

utensílios indispensáveis

pulverizador de açúcar, formas de silicone ou alumínio, corantes alimentícios hidrossolúveis (para o açúcar ou a pasta de amêndoas) e lipossolúveis (para o chocolate), forminhas de papel, grade para doces, cortador de pizza, régua, pincel, caneta para decorar alimentos, espetos, faca de manteiga, espátula flexível, bicos, hóstias, palitos de dente

rolo de macarrão, espátula longa, fitas, gel colorido para escrever ou decorar; moldes de formatos diversos, espremedor de alho (para fazer cabelos ou grama), saco de confeitar, triturador de salsa (para retalhar tiras regulares), rolo de massa

decorar com açúcares...

Confetes de amêndoa e de chocolate, doces de hortelã, doces duros e toffee, florzinhas e coraçõezinhos de açúcar; colam-se com glacê e usam-se para traçar os detalhes dos desenhos. Chocolates granulados, granulados coloridos, confeitos coloridos são usados para espalhar sobre os bolos ou para definir bordas.

Balas de goma de diversas formas, tiras de alcaçuz vermelhas e pretas, marshmallow, bastõezinhos de chocolate, goma de mascar de metro: todos são perfeitos para serem cortados na medida certa com a tesoura ou com uma faca afiada, para depois se transformarem em decorações de todo tipo.

... e balas

técnicasbásicas 29

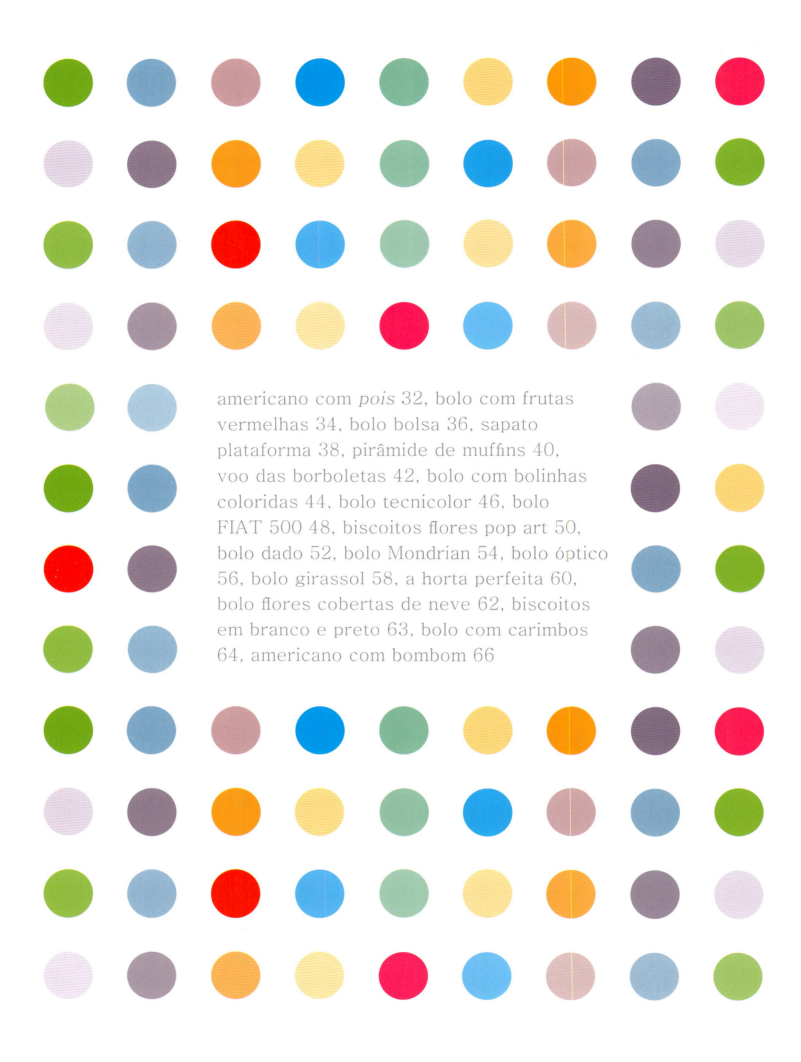

americano com *pois* 32, bolo com frutas vermelhas 34, bolo bolsa 36, sapato plataforma 38, pirâmide de muffins 40, voo das borboletas 42, bolo com bolinhas coloridas 44, bolo tecnicolor 46, bolo FIAT 500 48, biscoitos flores pop art 50, bolo dado 52, bolo Mondrian 54, bolo óptico 56, bolo girassol 58, a horta perfeita 60, bolo flores cobertas de neve 62, biscoitos em branco e preto 63, bolo com carimbos 64, americano com bombom 66

bolos criativos
para todas as ocasiões

americano com *pois*

bolos criativos

material
3 bolos base quadrados, com as medidas de 8 cm, 12 cm e 16 cm, respectivamente
1 vidro de geleia de damasco
1,5 kg de pasta americana
20 g de glacê
corante alimentício em gel hidrossolúvel lilás
açúcar de confeiteiro
espetinhos de madeira, pincel
rolo de macarrão, cortador de pizza
cerca de 1,5 m de fita lilás

Coloque o bolo pequeno e o intermediário em dois discos de papelão espesso e o bolo grande diretamente sobre o prato em que vai ser servido. Aqueça a geleia de damasco por alguns minutos no micro-ondas ou em banho-maria. Com um pincel, espalhe sobre o bolo maior uma camada bem fina de geleia quente.

❶ Use o corante lilás em cerca de 1,2 kg de pasta americana, misturando até obter uma cor homogênea. Abra a pasta americana sobre a superfície de trabalho polvilhada com açúcar de confeiteiro usando o rolo de macarrão até uma espessura aproximada de 3 mm a 4 mm e até chegar a uma largura que cubra todo o bolo grande, incluindo as laterais.

❷ Enrole delicadamente a pasta americana no rolo de macarrão para transferi-la para o bolo e revesti-lo todo, inclusive as laterais. Com um cortador de pizza ou uma faca afiada retire a pasta excedente. Com a pasta lilás que sobrou, cubra da mesma maneira os dois outros bolos.

❸ Corte um espetinho em três segmentos iguais à altura do bolo e enfie-os formando um quadrado no bolo grande (eles vão servir para sustentar o bolo superior). Espalhe um pouco de glacê branco entre os espetinhos. Sobreponha delicadamente o bolo intermediário ao grande, procurando centralizá-lo. Repita no bolo intermediário a disposição dos quatro espetinhos. Coloque pouco glacê branco entre os espetinhos e sobreponha o bolo menor, procurando centralizá-lo.

❹ Com a fita lilás circunde a base do bolo grande, corte-a na medida e fixe-o com pouco glacê branco. Repita a operação com os outros dois bolos. Agora estenda a pasta branca e faça *pois* do tamanho que preferir. Distribua-os pelo bolo, colando-os com um pincel molhado na água. Complete com uma florzinha no topo do bolo.

*para*todas*as*ocasiões

bolo com frutas vermelhas

material
2 bolos de base de Ø 14 cm e 22 cm
1 vidro de geleia de damasco
1,4 kg de pasta americana branca (800 g vão ser coloridos)
corante alimentício em gel hidrossolúvel cor-de-rosa
açúcar de confeiteiro
frutos silvestres a gosto
glacê para colar as camadas
espetinhos de madeira
tesouras dentadas
pincel, rolo de macarrão
cortador de pizza

Coloque o bolo pequeno sobre um disco de papelão e o grande no prato em que vai ser servido. Aqueça a geleia de damasco por alguns minutos no micro-ondas ou em banho-maria. Com um pincel, espalhe sobre os dois bolos uma camada fina de geleia quente. Tinja de cor-de-rosa 800 g de pasta americana e depois, na área de trabalho polvilhada de açúcar de confeiteiro, abra a pasta americana com o rolo de macarrão até obter uma espessura de aproximadamente 3 mm a 4 mm, chegando a uma largura suficiente para cobrir todo o bolo, inclusive as laterais. Enrole delicadamente a pasta americana no rolo de macarrão para transferi-la para o bolo e cobri-lo todo. Com um cortador de pizza ou uma faca afiada retire a pasta em excesso. Cubra o outro bolo da mesma maneira.

❶ Para fazer a renda, abra a pasta branca com o rolo de macarrão. Com um prato ou uma forma desenhe dois círculos um pouco maiores do que os dois bolos, depois recorte-os com a tesoura dentada. Com um objeto pontudo marque os buraquinhos junto à borda.

❷ Umedeça um pincel com água e passe sobre a superfície do bolo grande para que fique grudenta e depois sobreponha o círculo branco rendado maior.

❸ Corte um espetinho em três segmentos com comprimento igual à altura do bolo e enfie-os em forma de triângulo no bolo grande (vão servir para sustentar o bolo superior). Espalhe um pouco de glacê branco entre os espetinhos. Erga delicadamente o bolo pequeno e sobreponha-o ao grande, procurando centrá-lo bem. Umedeça a parte superior do bolo pequeno com o pincel molhado na água e sobreponha o círculo branco. Disponha, enfim, nos dois andares do bolo os frutos silvestres vermelhos bem lavados e bem enxutos.

*para*todasasocasiões

o presente perfeito para festejar uma amiga vaidosa ou para antecipar um presente muito desejado que, finalmente, chegou

bolo bolsa

material
1 bolo base de Ø 18 cm
1 vidro de geleia de damasco
400 g de pasta americana ou marzipã
corante alimentício em gel hidrossolúvel vermelho ou outra cor, a gosto
recheio a gosto
alcaçuz vermelho em tiras (finas e grandes)
2 confeitos dourados
açúcar de confeiteiro
rolo de macarrão, cortador de pizza

❶ Corte o bolo ao meio, obtendo dois semicírculos. Cole-os com a geleia de damasco ou com um recheio de que goste e molde-os seguindo a forma da bolsa (ver p. 117). Aqueça a geleia de damasco por alguns minutos no micro-ondas ou em banho-maria. Com um pincel espalhe sobre o bolo uma camada fina de geleia quente.

❷ Tinja a pasta americana (ou marzipã) com a cor escolhida. Depois, na área de trabalho pulverizada com açúcar de confeiteiro, abra a pasta até obter uma espessura de 3 mm a 4 mm, com largura suficiente para cobrir todo o bolo.

❸ Enrole delicadamente a pasta americana no rolo de macarrão para transferi-la para o bolo e cobri-lo completamente. Retire os excessos com um cortador de pizza ou com uma faca afiada.

❹ Corte um pedaço do alcaçuz vermelho. Insira um palito nas duas extremidades e enfie-o no bolo para fazer a alça da bolsa.

❺ Insira 2 confeitos dourados no centro da bolsa para simular o fecho.

❻ Corte uma tira fina de alcaçuz vermelho em pedaços de cerca 1 cm e esprema-os sobre a pasta americana, ao longo das bordas superiores e laterais, para simular as costuras.

*para*todas*as*ocasiões 37

para quem quer ser fashion a qualquer custo, para quem adora sapato, mas depois perde o equilíbrio, para quem está cansado da mesmice dos bolos

sapato plataforma

material
1 bolo base de Ø 18 cm
1 vidro de geleia de damasco
500 g de pasta americana (parte para colorir, parte para utilizar branca)
corante alimentício em gel hidrossolúvel vermelho e marrom
açúcar de confeiteiro
pincel, rolo de macarrão
cortador de pizza

Desenhe o molde do sapato (ver p. 118) em cartolina. Depois apoie-o sobre o bolo e, com uma faca serrilhada na vertical, corte o bolo de acordo com a forma do sapato. Coloque o bolo no prato em que vai servi-lo. Aqueça a geleia de damasco por alguns minutos no micro-ondas ou em banho-maria e, com um pincel, espalhe uma camada fina sobre toda a superfície.

❶ Divida a pasta americana em três partes. Tinja uma com algumas gotas de corante vermelho até chegar ao cor-de-rosa desejado, depois espalhe a pasta na área de trabalho pulverizada com açúcar de confeiteiro e abra com o rolo de macarrão até obter uma espessura de cerca 4 mm a 5 mm, com largura suficiente para cobrir o bolo e as laterais. Enrole delicadamente a pasta americana no rolo de macarrão e transfira-a para o bolo. Desenrole-a e cubra toda a superfície, inclusive as laterais, com exceção do salto. Com um cortador de pizza ou uma faca afiada, retire o excesso.

❷ Recorte um semicírculo da pasta americana branca e cubra a ponta superior do sapato.

❸ Tinja de marrom escuro a parte da pasta que restou e cubra o salto e a sola. Tinja de marrom claro a pasta restante, recorte um retângulo e cubra com ele a parte inferior do sapato, entre a sola e o salto.

paratodasasocasiões

os muffins para este doce podem ser de chocolate ou feitos com a massa básica: se quiser, podem até ser recheados com geleia

pirâmide de muffins

material
35 muffins de chocolate (ver receita na p. 15)
forminhas de papel de diversas cores (branco, verde, azul, cor-de-rosa, laranja, azul) para uma pirâmide com base de 28 cm
500 g de glacê real
corante alimentício em gel hidrossolúvel verde, laranja, azul e cor-de-rosa
prato de servir com pé
saco de confeitar e bico de 3 mm
espátula

Prepare com antecedência de até 2 dias pequenas decorações de açúcar com os glacês de cores diferentes, procedendo da seguinte maneira: com um saco de confeitar com o bico de 3 mm esprema o glacê sobre uma folha de papel-manteiga e desenhe modelos de estrelinhas, ondas, florzinhas, laços de fita, luas, estrelas ou o que quiser, a gosto. Espere secar para que os desenhos endureçam.

No momento da montagem da pirâmide, defina antes a sucessão de cores das forminhas de papel que pretende combinar: nós escolhemos dar uma cor para cada camada.

❶ Com uma espátula, cubra todos os muffins com glacê branco, procurando obter um efeito liso e uniforme, com exceção de 1 ou 2 por camada, que vai cobrir com glacê colorido da mesma cor que a forminha (por exemplo, glacê azul para forminha azul).

❷ Depois de cobrir todos os muffins, disponha-os no prato, dividindo-os pela cor das forminhas e inserindo só um muffin colorido em cada camada. Continue montando a pirâmide, amassando levemente os muffins sobrepostos para estabilizá-los.

❸ Depois, decore os muffins com as figuras de glacê já preparadas, colando-as no glacê macio. Se já estiver endurecido demais, use um palito mergulhado em um pouco de glacê fresco para servir de cola.

*para**todas**as**ocasiões***

voo das borboletas

material
3 bolos base com Ø 22 cm, 18 cm e 14 cm
1 vidro de geleia de damasco
1,2 kg de pasta americana branca
açúcar de confeiteiro

para 10 borboletas
400 g de glacê real branco
corantes alimentícios em gel hidrossolúveis a gosto
espaguete de arroz
espetinhos de madeira, rolo de macarrão
cortador de pizza
1 folha de poliestireno
papel-manteiga, saco de confeitar
espuma de borracha
discos de papelão

Para as borboletas: as borboletas devem ser preparadas em duas fases, com alguns dias de antecedência, procedendo-se segundo a técnica descrita na página 23 e utilizando os moldes da página 118. Deixe-as secar por 24 horas, depois destaque cada asa do papel-manteiga delicadamente e forme também os corpos das borboletas. Insira as duas asas no corpo. Erga-as com um pedaço de espuma de borracha. Com os espaguetes de arroz forme as antenas, insira-as e espere secar.

Para o bolo: coloque o bolo maior no prato de servir. Aqueça a geleia de damasco no forno de micro-ondas ou em banho-maria e espalhe uma camada fina sobre o bolo. Na área de trabalho polvilhada com açúcar de confeiteiro abra a pasta americana com o rolo de macarrão até uma espessura aproximada de 4 mm a 5 mm, até obter largura suficiente para cobrir o bolo inteiro, inclusive as laterais. Enrole delicadamente a pasta americana no rolo de macarrão, passe para o bolo e desenrole-a, cobrindo-o todo. Com o cortador de pizza ou uma faca afiada, retire o excesso de pasta.

❶ Apoie os dois outros bolos sobre os discos de papelão e repita a operação de cobertura. Sobreponha os bolos conforme a descrição da página 21.

❷ Encha o saco de confeitar com glacê real branco com bico redondo e decore a base dos três bolos com bolinhas de glacê.

❸ Decore o bolo distribuindo a gosto as borboletas sobre a superfície, colando-as com um pouco de glacê.

paratodasasocasiões 43

alegre, apetitoso e divertido, este bolo é uma verdadeira iguaria: a cobertura e os círculos são feitos de chocolate colorido

bolo com bolinhas coloridas

material
2 bolos base de Ø 18 cm
1 vidro de geleia de damasco
500 g de glacê de chocolate branco
250 g de chocolate branco
50 g de chocolate amargo
50 g de chocolate ao leite
corantes alimentícios lipossolúveis para chocolate vermelho, azul e amarelo
pincel, papel-manteiga
papelão para colocar sob o bolo
2 folhas de acetato

Coloque o bolo sobre um papelão de circunferência um pouco menor, sobre uma grade de doces e apoie tudo sobre um prato grande. Aqueça a geleia de damasco por alguns minutos no micro-ondas ou em banho-maria e, com um pincel, espalhe uma camada fina sobre o bolo.

Prepare o glacê de chocolate branco e despeje sobre o bolo fazendo-o colar bem nas laterais. Espere endurecer e depois transfira o bolo para o prato de servir.

❶ Para os círculos de chocolate (que devem ser preparados com um pouco de antecedência): prepare 7 pequenos cones tipo saco de confeitar. Coloque os três tipos de chocolate em três recipientes e derreta o chocolate em banho-maria ou no micro-ondas. Pegue as folhas de acetato: encha dois pequenos cones com o chocolate amargo e ao leite, corte a ponta e deixe escorrer sobre o acetato gotas grandes de chocolate um pouco distanciadas.

❷ Divida o chocolate branco em cinco tigelas (reserve um pouco) e tinja o conteúdo respectivamente de vermelho, azul, amarelo, cor-de-rosa e verde (misturando o amarelo e o azul). Encha tantos cones quantas forem as cores, retire as pontas e pingue a cor sobre o acetato. Espere que endureçam na geladeira até que se destaquem sozinhas do acetato. Fixe os círculos ao bolo com um pouco do chocolate branco que reservou.

um bolo inspirado na moda, para os amigos mais fashion e para as ocasiões em que se tem vontade de demonstrar criatividade

bolo tecnicolor

material

1 bolo base quadrado com 16 cm de lado
1 vidro de geleia de damasco
700 g de pasta americana (300 g serão coloridas)
corante alimentício em gel hidrossolúvel amarelo, azul-claro, azul-escuro, laranja, vermelho, cor-de-rosa e marrom
açúcar de confeiteiro
rolo de macarrão, pincel

Coloque o bolo em um prato de servir. Aqueça a geleia de damasco por alguns minutos no micro-ondas ou em banho-maria e, com um pincel, espalhe por cima do bolo uma camada fina de geleia quente. Na área de trabalho pulverizada com açúcar de confeiteiro, abra 400 g de pasta americana branca com o rolo de macarrão, até a espessura aproximada de 3 mm a 4 mm e até chegar a uma largura suficiente para cobrir o bolo inteiro, inclusive as laterais.

Enrole delicadamente a pasta americana no rolo de macarrão e cubra o bolo inteiro. Com um cortador de pizza ou uma faca afiada, retire o excesso de pasta.

❶ Divida a pasta americana restante em tantas partes quantas forem as cores que pretende usar: tinja-as.

❷ Abra agora as pastas coloridas, uma de cada vez, e faça muitas tiras regulares, grandes e pequenas. Umedeça ligeiramente o bolo branco com um pincel e, partindo da borda posterior sobreponha as tiras coloridas, uma de cada vez, até cobrir a superfície superior e dois lados, alternando as cores e as dimensões. Elimine sempre o excesso de pasta com uma faca afiada. Complete cobrindo com tiras coloridas também os lados ainda não cobertos.

*para***todasas**ocasiões 47

bolo FIAT 500

material
1 bolo base retangular de aproximadamente 20 cm x 15 cm
1 vidro de geleia de damasco
600 g de pasta americana
corante alimentício em gel hidrossolúvel amarelo, preto e vermelho
açúcar de confeiteiro
rolo de macarrão, pincel
papel-manteiga
cortador de pizza

Copie o modelo do automóvel (ver p. 119) em um papel-manteiga (que é transparente) ou em cartolina. Apoie o molde sobre o bolo já frio e recorte-o seguindo o contorno, com uma faca serrilhada, procedendo verticalmente para não amassar o bolo e obter um corte preciso. Ponha o bolo em um prato de servir. Aqueça a geleia de damasco por alguns minutos no micro-ondas ou em banho-maria. Com o auxílio de um pincel, espalhe sobre o bolo uma camada fina de geleia quente.

❶ Tinja de amarelo a maior parte da pasta americana, deixando de lado pequenas porções para colorir as partes acessórias. Na área de trabalho pulverizada de açúcar de confeiteiro, abra a pasta americana amarela com o rolo de macarrão até chegar a uma espessura aproximada de 4 mm a 5 mm e a uma largura que cubra o bolo inteiro e os lados.

❷ Enrole delicadamente a pasta americana no rolo de macarrão para transportá-la e cubra o bolo completamente, retirando o excesso com um cortador de pizza ou uma faca afiada.

❸ Da pasta branca recorte a forma dos vidros e aplique-as umedecendo levemente a superfície com um pincel mergulhado na água.

❹ Para fazer as rodas, tinja de preto pouca pasta americana e recorte dois círculos (outra alternativa é usar duas rodinhas de alcaçuz) para as rodas e dois círculos menores sobre os quais vai gravar os raios com um palito. Aplique estes últimos no centro das rodas.

❺ Com alguns pedaços de pasta vermelha, cinza e preta faça os faróis, a maçaneta, os para-choques e complete aplicando um fio preto fino em torno das janelas laterais.

❻ Com um pincel pequeno úmido, banhado na cor preta, ou com um marcador alimentício pinte o banco do motorista.

*para***todas***as***ocasiões** 49

biscoitos flores pop art

O confeiteiro aconselha
Para os menos habilidosos ou para quem não tem à disposição os corantes em gel, sugerimos decorar os biscoitos simplesmente com glacê branco, usando bicos diferentes, e acrescentar confeitos colando-os sobre o glacê ainda não endurecido.

material para 15 a 20 biscoitos
500 g de massa de biscoito crua
400 g de glacê real branco
100 g de chocolate amargo diluído ou glacê escuro
corantes alimentícios em gel hidrossolúvel
rolo de macarrão
tantos sacos de confeitar descartáveis quantas forem as cores

Prepare a massa de biscoito, abra-a com o rolo de macarrão até obter uma espessura de cerca 5 mm e recorte muitos biscoitos em forma de flor. Asse no forno a 180 ºC até que fiquem bem dourados. Espere esfriar.

Prepare o glacê real branco com densidade em fio, divida-o em tantas tigelas quantas forem as cores que irá utilizar e tinja o glacê de cada tigela. Cubra logo com um filme transparente. Encha cada saco de confeitar com um glacê colorido e cubra os biscoitos. Com o chocolate amargo ou o glacê escuro, desenhe um pequeno semicírculo no centro de cada flor.

*para***todas**as**ocasiões** 51

o jogo de azar com o bolo não é arriscado nem dispendioso: este é um bolo ao alcance de todos, mas decididamente anticonvencional

bolo dado

material
3 bolos base com 10 cm de lado e cerca de 3 cm de altura
recheio a gosto
1 vidro de geleia de damasco
500 g de pasta americana branca
açúcar de confeiteiro
alcaçuz em rodinhas ou confeitos
10 g de glacê branco
rolo de macarrão

Coloque um dos bolos no prato de servir. Espalhe sobre ele o recheio ou a geleia, a gosto. Sobreponha o outro bolo, espalhe mais recheio em abundância e sobreponha o terceiro bolo. No final, o bolo deve ficar com a forma de um cubo. Aqueça a geleia de damasco por alguns minutos no micro-ondas ou em banho-maria e, com um pincel, espalhe por cima uma camada fina de geleia quente.

Na área de trabalho pulverizada com açúcar de confeiteiro, abra a pasta americana até obter uma espessura aproximada de 4 mm a 5 mm e chegar a uma largura suficiente para cobrir o bolo todo, inclusive as laterais. Enrole delicadamente a pasta americana no rolo de macarrão para transportá-la e cubra todo o bolo. Atenção para não romper a pasta nos cantos superiores do dado. Onde a pasta formar pregas, alargue-a delicadamente para esticá-las. Com um cortador de pizza ou uma faca afiada, retire a pasta excedente.

Com o glacê branco cole as rodelas de alcaçuz ou os confeitos nos vários lados, acompanhando as diferentes faces do dado.

O confeiteiro aconselha
É importante que em bolos altos, como este, o recheio seja muito farto.

*para***todas**a**s**ocasiões

a harmonia entre forma, linhas e cor é a síntese da pintura do grande artista, em que se inspira este belo bolo *passepartout*

bolo Mondrian

material
1 bolo base quadrado, com lado de 20 cm
1 vidro de geleia de damasco
500 g de pasta americana branca
açúcar de confeiteiro
corantes alimentícios em gel
 hidrossolúvel vermelho, amarelo
 e azul
300 g de açúcar
10 a 12 cordões de alcaçuz
100 g de glacê real branco
pincel, papel-manteiga, caneta
saquinhos de celofane pequenos

Coloque o bolo no prato de servir. Aqueça a geleia de damasco no micro-ondas ou em banho-maria e, com um pincel, espalhe uma camada fina sobre o bolo. Na área de trabalho polvilhada de açúcar de confeiteiro, abra a pasta americana branca até obter uma espessura aproximada de 5 mm a 6 mm e chegar a uma largura que cubra a parte superior do bolo e as laterais. Enrole a pasta americana no rolo de macarrão, transfira-a para o bolo e cubra-o completamente. Retire o excesso de pasta.

❶ Divida o açúcar em quatro partes, coloque três partes em três saquinhos (uma parte ficará branca). Com um palito coloque uma gota de gel corante em cada saquinho (uma cor para cada saquinho, acrescente uma gota de água e misture o açúcar esfregando-o com os dedos para colori-lo.

❷ Copie com a caneta o esquema do bolo Mondrian em papel-manteiga, depois apoie-o sobre o bolo e fure com um alfinete o papel e a pasta que está embaixo para traçar as várias linhas. Recorte o alcaçuz acompanhando a medida das linhas. Encha um saco de confeitar com o glacê real branco e com ele cole as tiras de alcaçuz.

❸ Espalhe em cada zona os açúcares da cor adequada com uma colherinha, utilizando um palito para cobrir os cantos.

*para***todas**a**socasiões**   55

um bolo de sinal gráfico bem evidente: o desenho bicolor cria uma ilusão de movimento que lembra a arte abstrata. Um bolo perfeito para o amigo mais culto

bolo óptico

material

1 bolo base retangular com cerca de 20 cm x 15 cm
1 vidro de geleia de damasco
700 g de pasta americana branca
corante alimentício em gel hidrossolúvel preto
açúcar de confeiteiro
rolo de macarrão
cortador de pizza
pincel

Coloque o bolo no prato em que vai servi-lo. Aqueça a geleia de damasco por alguns minutos no micro-ondas ou em banho-maria. Com um pincel, espalhe uma camada fina de geleia quente sobre o bolo.

❶ Na área de trabalho pulverizada com açúcar de confeiteiro, abra cerca de 400 g de pasta americana branca com o rolo de macarrão até uma espessura aproximada de 4 mm a 5 mm, chegando a uma largura suficiente para cobrir o bolo, inclusive as laterais. Enrole delicadamente a pasta americana no rolo de macarrão e passe para o bolo, desenrole-a e cubra-o completamente. Com um cortador de pizza ou uma faca afiada retire a pasta em excesso.

❷ Tinja de preto cerca de 300 g de pasta americana, depois abra-a em tiras.

❸ Recorte pelo menos 70 quadradinhos com aproximadamente 1,5 cm de lado. Aplique-os sobre o bolo usando um pincel levemente umedecido, deixando entre um e outro a mesma distância e seguindo o esquema da foto. Nas bordas, recorte-os acompanhando a forma do bolo. Com uma faca bem amolada assinale as linhas na pasta americana branca, se for o caso, com o auxílio de uma régua.

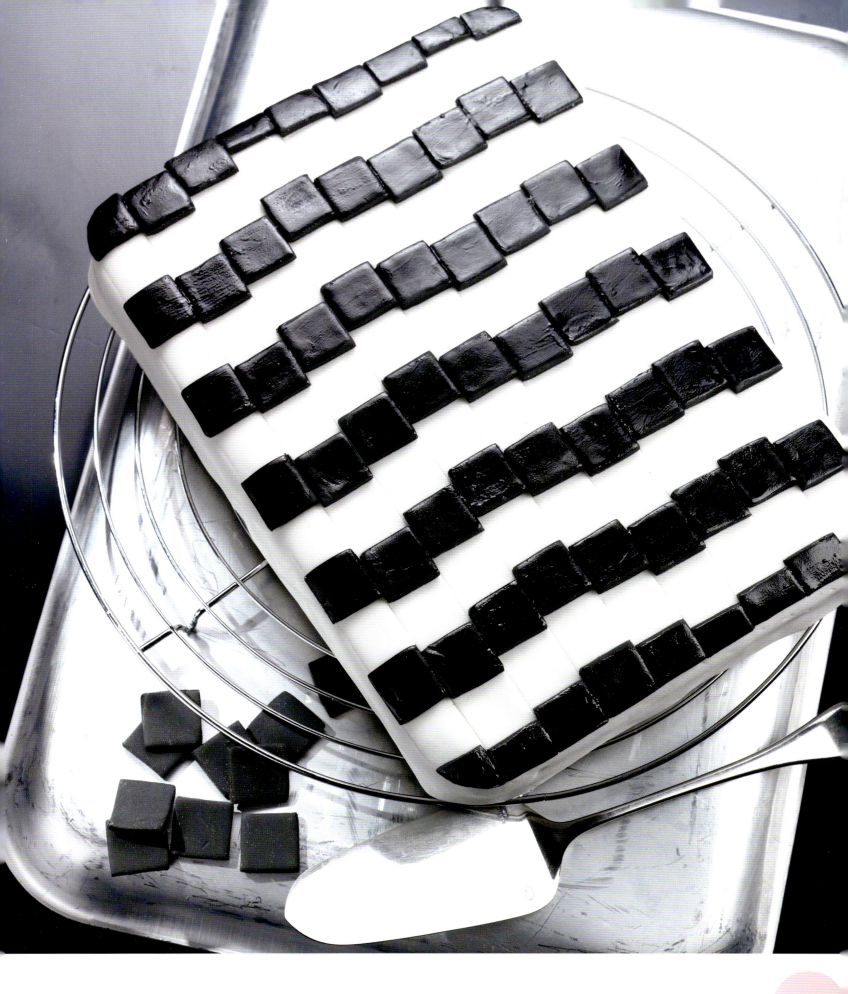

paratodasasocasiões 57

uma verdadeira iguaria para brincar de bem-me-quer, malmequer, para quem adora flores, mas não sabe cuidar delas, ou para quem, ao contrário, só cuida das flores e ignora todo o resto, inclusive a cozinha

bolo girassol

material
1 bolo base de Ø 18 cm
1 vidro de geleia de damasco
cobertura de chocolate
30 g de chocolate amargo
200 g de confeitos marrons
2 confeitos vermelhos
8 flores frescas tipo gérbera
pincel, saco de confeitar

Coloque o bolo sobre um disco de cartolina um pouco menor do que a massa, ponha sobre uma grade e apoie tudo em um prato grande. Aqueça a geleia de damasco por alguns minutos no micro-ondas ou em banho-maria e, com um pincel, espalhe sobre o bolo uma camada fina de geleia quente.

❶ Prepare a cobertura de chocolate (ver p. 24) e despeje-a ainda quente sobre o bolo, deixando escorrer bem, inclusive dos lados. Espere por alguns minutos até que endureça.

❷ Derreta um pouco de chocolate amargo, depois coloque-o em um pequeno saco de confeitar sem bico e desenhe as joaninhas nos confeitos vermelhos.

❸ Disponha os confeitos marrons sobre a superfície do bolo em círculos concêntricos, e também as duas joaninhas.

❹ Pouco antes de levar o bolo à mesa, elimine completamente o caule das gérberas, depois corte-as ao meio com uma faca amolada. Disponha as meias gérberas em torno do bolo para formar as pétalas do girassol, se for o caso, com o auxílio de palitos de madeira que se enfiam na parte mais espessa da flor.

paratodasasocasiões

horta perfeita

material
1 bolo base retangular com aproximadamente 25 cm x 15 cm
1 vidro de geleia de damasco
700 g de cobertura de chocolate ou chocolate derretido ou ganache
600 g de pasta de amêndoas (marzipã) ou pasta americana
corantes alimentícios em gel hidrossolúvel verde e cor de laranja
bastõezinhos de chocolate
50 g de chocolate amargo
250 g de açúcar
confeitos verdes de chocolate
pincel

❶ Coloque o bolo sobre um retângulo de cartolina e depois sobre uma grade apoiada sobre um prato grande, para poder cobri-lo sem sujar o prato em que vai ser servido. Aqueça a geleia de damasco por alguns minutos no micro-ondas ou em banho-maria e espalhe sobre o bolo com um pincel.

❷ Prepare a cobertura de chocolate e despeje sobre o bolo, deixando escorrer bem, também nas laterais. Tinja o marzipã de cor de laranja e verde, mais ou menos escuro, e modele as hortaliças.

Cenourinhas: forme pequenos cones de marzipã laranja, faça riscos com uma faquinha e depois cole fiozinhos verdes.

Abóboras: modele uma bola um pouco achatada, assinale as reentrâncias com o cabo de um pincel, depois recorte as folhas no marzipã verde. Cole com uma ligeira pressão.

Ervilhas: Forme duplas de meias-luas finas com o marzipã verde. Coloque na primeira os confeitos verdes e ponha a outra metade por cima.

Repolho: Forme bolinhas brancas, recorte do marzipã folhas verdes de medidas diferentes, claras e escuras, e cole em círculos concêntricos às bolinhas levemente umedecidas.

Nabos: Forme bolinhas de marzipã na cor natural e modele. Recorte fiozinhos verdes e cole-os no centro.

Alhos-porós: Enrole tiras de marzipã branco e verde sobrepostos para formar um cilindro e insira um palito para que fique na vertical. Com o marzipã laranja modele também o regador.

❸ Derreta o chocolate amargo, molhe nele os bastõezinhos de chocolate e cole em torno do bolo como uma cerca.

❹ Espalhe sobre o bolo o açúcar mascavo em fileiras e, por cima, disponha as hortaliças.

*para***todas***as***ocasiões** 61

bolo flores cobertas de neve

material
1 bolo base de Ø 18 cm
1 vidro de geleia de damasco
300 g de cobertura de chocolate branco
30 botões de rosa cor de laranja
100 g de açúcar
1 clara
10 g de glacê real branco
60 cm de fita cor de laranja
pincel, disco de cartolina

❶ Coloque o bolo sobre o disco de cartolina e sobre uma grade. Apoie-a sobre um prato grande. Aqueça a geleia de damasco e, com um pincel, faça uma camada fina com a geleia quente sobre o bolo.

❷ Prepare a cobertura de chocolate branco (ver p. 24) e despeje por cima e nas laterais do bolo. Espere secar e depois passe o bolo para o prato em que vai ser servido.

❸ Encurte as rosas. Com um pincel molhe as bordas de cada flor com um pouco de clara, depois despeje por cima o açúcar, em chuva. Prepare assim todos os botões e insira-os sobre a superfície do bolo.

biscoitos em branco e preto

material para 15 a 20 biscoitos
500 g de massa de biscoito
200 g de glacê real branco
200 g de chocolate amargo
rolo de macarrão, cortador de massa
sacos de confeitar descartáveis

Prepare a pasta biscoito, abra com o rolo de macarrão com espessura aproximada de 5 mm e com um cortador de massa ou um copo faça discos iguais. Prepare o glacê real branco com densidade em fio e derreta o chocolate amargo em banho-maria. Encha os sacos de confeitar descartáveis e cubra metade dos biscoitos com branco, e metade com preto, decorando-os depois com a cor contrastante. Para fazer as ranhuras desenhe círculos concêntricos e depois, com um palito, trace linhas transversais. Para os coraçõezinhos, desenhe bolinhas em círculos concêntricos e, com um palito, trace uma linha que os conjugue. Para as florzinhas, desenhe uma flor de 5 pétalas e depois, com um palito, puxe o chocolate de cada pétala traçando as linhas para dentro.

*para***todas**as**ocasiões**

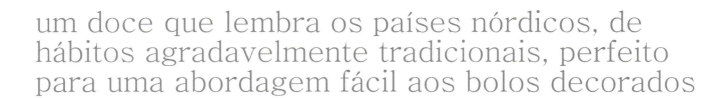

bolos

um doce que lembra os países nórdicos, de hábitos agradavelmente tradicionais, perfeito para uma abordagem fácil aos bolos decorados

bolo com carimbos

material
1 bolo base de Ø 18 cm
1 vidro de geleia de damascos
500 g de pasta americana (100 g serão tingidas de vermelho)
corante alimentício em gel hidrossolúvel vermelho
açúcar de confeiteiro
1 carimbo de madeira ou espuma de borracha
cortador de pizza

Coloque o bolo no prato de servir. Aqueça a geleia de damasco por alguns minutos no micro-ondas ou em banho-maria e espalhe uma camada fina sobre a superfície do bolo com um pincel.

❶ Na área de trabalho pulverizada com açúcar de confeiteiro, abra a pasta americana com o rolo de macarrão até a espessura aproximada de 5 mm a 6 mm, chegando a uma largura suficiente para cobrir a parte de cima e as laterais do bolo. Enrole delicadamente a pasta americana no rolo de macarrão e transfira para o bolo. Desenrole e cubra-o todo. Com um cortador de pizza ou uma faca amolada retire a pasta em excesso.

❷ Tinja de vermelho cerca de 100 g de pasta americana, abra-a com o rolo de macarrão e recorte muitas tirinhas, que vão ser coladas nas laterais do bolo depois de ligeiramente umedecidas com um pincel.

❸ Com um pincel, suje o carimbo com gel corante vermelho. Depois, com mão firme, pressione-o sobre a superfície branca do bolo. Continue carimbando até decorar toda a superfície (ou até o final da decoração escolhida).

criativos

americano com bombom

material
3 bolos base de Ø 14 cm, 18 cm e 22 cm
1 vidro de geleia de damasco
1,6 kg de pasta americana (cerca de 400 g serão tingidas)
corante alimentar em gel hidrossolúvel marrom
açúcar de confeiteiro
300 g de glacê (200 g serão coloridos de marrom)
alguns bombons
pincel
saco de confeiteiro com bico de 2 mm
espetinhos de madeira
faca amolada ou cortador de pizza

Coloque o bolo pequeno e o intermediário em dois discos de cartolina espessa, um pouco menores do que os bolos. Ponha o bolo grande no prato em que vai ser servido. Aqueça a geleia de damasco no micro-ondas ou em banho-maria. Com um pincel, faça uma camada fina com a geleia quente sobre o bolo maior. Na área de trabalho pulverizada com açúcar de confeiteiro abra a pasta americana com o rolo de macarrão com espessura aproximada de 3 mm a 4 mm, chegando a uma largura suficiente para cobrir o bolo todo. Enrole delicadamente a pasta americana no rolo de macarrão para transferi-la sobre o bolo e revesti-lo completamente. Com um cortador de pizza ou uma faca amolada, retire o excesso de pasta. Repita a operação com os outros dois bolos. Sobreponha os bolos com a técnica descrita na p. 21.

❶ Tinja de marrom cerca de 400 g de pasta americana, abra a pasta marrom e pouca pasta branca e faça 20 flores marrons e 20 flores, menores, brancas. Sobreponha-as apertando bem para colá-las, depois com o glacê branco aplique-as na lateral do bolo maior.

❷ Com o cortador de pizza recorte na pasta marrom tiras grandes e pequenas. Com um pincel, umedeça o bolo menor e depois cole por cima as tiras marrons, alternando as larguras e eliminando o excesso com uma faca. Tinja o glacê de marrom.

❸ Para fazer as rosas, abra a pasta marrom e recorte quatro retângulos com cerca de 12 cm de comprimento e 4 cm de largura. Dobre ao meio no comprimento sem pressionar a dobra e enrole delicadamente até obter rosas. Depois, cole-as no topo do bolo com o glacê marrom.

❹ Encha um saco de confeitar com glacê marrom com o bico redondo pequeno e desenhe arabescos na lateral do bolo intermediário.

❺ Complete aplicando os bombons, colando-os com o glacê marrom.

bolo vaca 70, carrossel com cavalos 72, muffin alce 75, bolo borboleta 76, caminhão de bombeiros 78, biscoitos monstrinhos 80, biscoitos botões 81, muffin pinguim 82, piscina de mar 84, bolo panda 86, abóbora de halloween 88

bolos criativos
para crianças e jovens

bolo vaca

material
1 bolo base de Ø 18 cm
1 vidro de geleia de damasco
500 g de pasta americana (200 g serão tingidos)
corante alimentício em gel hidrossolúvel vermelho e preto
açúcar de confeiteiro
rolo de macarrão
cortador de pizza
pincel
cartolina

Recorte o perfil da vaca (ver p. 124) e passe para a cartolina. Apoie o molde de cartolina sobre o bolo e recorte em volta com uma faca de serra mantida na vertical. Depois coloque o bolo sobre o prato em que vai ser servido. Aqueça a geleia de damasco no micro-ondas ou em banho-maria e, com um pincel, espalhe uma camada fina sobre a superfície do bolo.

❶ Na área de trabalho pulverizada com açúcar de confeiteiro, abra com o rolo de macarrão cerca de 350 g de pasta americana branca até uma espessura aproximada de 4 mm a 5 mm e largura suficiente para cobrir o bolo e as laterais. Enrole delicadamente a pasta americana no rolo de macarrão e transfira-a para o bolo; desenrole-a e cubra o bolo completamente. Com um cortador de pizza ou uma faca amolada retire a pasta excedente.

❷ Com a pasta branca modele as orelhas, posicione-as no alto da cabeça e aplique-as com um palito. Pinte o interior de cada orelha com um pincel molhado em uma gota de corante vermelho diluído em pouca água.

❸ Tinja de cor-de-rosa cerca de 150 g de pasta americana, abra-a, modele as tetas e o focinho e aplique-os umedecendo ligeiramente uma das duas superfícies com o pincel úmido. Com um cortador de massa redondo assinale as narinas e tinja-as ligeiramente de vermelho.

❹ Tinja o restante da pasta americana de preto e faça os olhos e os chifres.

❺ Coloque pouco corante em gel preto em um pratinho, dilua ligeiramente com o pincel e pinte as manchas no corpo.

um divertimento desde sempre, um doce que tem em seu interior cremosidades macias... para festejar uma criança que está crescendo

carrossel com cavalos

material
para o bolo
3 bolos base, com Ø 22 cm e 2 com Ø 18 cm
recheio a gosto
1 vidro de geleia de damasco
1,5 kg de pasta americana branca (400 g serão tingidas de azul-claro, 200 g de vermelho, 150 g de azul, 20 g de verde, 20 g de amarelo)
corantes alimentícios em gel hidrossolúvel amarelo, azul, vermelho e verde
6 tiras de alcaçuz
açúcar de confeiteiro
1 disco de cartolina
rolo de macarrão
pincel

para os cavalos
400 g de glacê branco líquido
200 g de glacê real branco
corantes diversos em gel

Para os cavalos: alguns dias antes de servir prepare os cavalinhos reproduzindo-os dos moldes (ver p. 119) com a técnica do glacê líquido (ver p. 23).
Deixe-os secar por um dia, depois pinte-os, usando um pincel, com as cores em gel diluídas em pouquíssima água, e espere secar. Depois disso, destaque delicadamente os cavalinhos do papel-manteiga e reserve.

(continua na pág. 74)

paracriançasejovens 73

Para o bolo: coloque o bolo maior no prato de servir e recheie a gosto. Aqueça a geleia de damasco por alguns minutos no micro-ondas ou em banho-maria e com um pincel espalhe uma camada fina no bolo.

❶ Com algumas gotas de azul tinja a pasta americana de azul-claro. Depois, na área de trabalho polvilhada de açúcar de confeiteiro, abra-a com o rolo de macarrão na espessura aproximada de 3 mm a 4 mm até obter uma largura suficiente para cobrir o bolo inteiro, inclusive as laterais. Enrole delicadamente a pasta americana no rolo de macarrão para transferi-la e cobrir todo o bolo. Com um cortador de pizza ou uma faca afiada retire o excesso de pasta. Sobreponha os dois bolos menores colocando um disco de cartolina sob o primeiro, recheie a gosto e cubra com a pasta americana branca. Corte um espetinho em três segmentos com a altura do bolo grande e disponha-os no centro dele em posição triangular. Pincele pouco glacê como colante e sobreponha o bloco dos dois bolos pequenos sobre o grande, procurando centrar bem.

❷ Tinja de azul-escuro a pasta americana, abra-a e faça bastante círculos. Corte-os pela metade e cole-os na base do bolo grande.

❸ Para fazer o teto, à parte, modele com as mãos, a pasta americana branca, de modo a formar no centro um pequeno cone um pouco mais alto. Com uma carretilha para massas recorte o teto um pouco mais largo do que o bolo e cole-o no topo do bolo pequeno com pouco glacê.

❹ Tinja de vermelho a pasta americana, faça um disco tão grande quanto o teto e recorte triângulos para serem colados no teto, alternadamente, com um pincel umedecido ou com pouco glacê.

❺ Cole com glacê as tiras de alcaçuz na lateral do bolo pequeno, fazendo-as corresponder aos triângulos vermelhos. Com uma carretilha pequena, recorte semicírculos vermelhos e brancos e cole-os às bordas do telhado.

❻ Tinja de verde um pouco de pasta americana e faça uma pequena bandeira. Cole-a em um palito e coloque-a no alto do telhado, terminando com uma pequena bola de pasta amarela.

❼ Pegue os cavalinhos, passe na parte posterior uma tira de glacê e, muito cuidadosamente, aplique-os pressionando com delicadeza sobre o alcaçuz por alguns segundos, para colá-los.

O confeiteiro aconselha
Como este bolo é bastante trabalhoso, uma alternativa válida é não fazer os cavalinhos de açúcar e substituí-los por figurinhas recortadas e coladas em cartolina, também aplicadas com um pouco de glacê.

muffin alce

material para 1 muffin
1 muffin (ver receita p. 15)
1 pacotinho de bolo pronto de baunilha
  (cerca de 30 g) 300 g de glacê real
corante alimentício em gel
  hidrossolúvel marrom
1 fruta cristalizada marrom clara ou
  amarela
confeitos pretos
1 bala vermelha
3 palitos de madeira
espátula

❶ Tinja o glacê de marrom. Depois, com uma espátula pequena, cubra o muffin de glacê.

❷ Apoie o muffin na área de trabalho e insira no centro três palitos dispostos em triângulo.

❸ Amasse o bolo com as mãos para formar a cabeça, depois coloque-a sobre os palitos, no sentido horizontal. Cubra-o também com glacê marrom.

❹ Recorte os chifres da fruta cristalizada e insira com um palito. Aplique os confeitos como olhos e a bala vermelha como nariz.

*para*criançasejovens

um belíssimo doce pronto para levantar voo, muito adequado para uma garota sonhadora que não se contenta com a mesmice de uma rosca qualquer

bolo borboleta

material
1 bolo base de Ø 18 cm
1 vidro de geleia de damasco
700 g de pasta americana ou marzipã
(200 g serão tingidos de cor-de-rosa e
100 g de preto)
corante alimentício em gel
hidrossolúvel vermelho e preto
açúcar de confeiteiro
2 rodelas de alcaçuz
rolo de macarrão, pincel

Corte o bolo ao meio e distancie as duas partes. Aqueça a geleia de damasco por alguns minutos no micro-ondas ou em banho-maria e pincele as duas metades do bolo, que formarão as asas. Na área de trabalho pulverizada com açúcar de confeiteiro abra a pasta americana branca com o rolo de macarrão até a espessura aproximada de cerca de 3 mm a 4 mm chegando a uma largura suficiente para cobrir os dois bolos e suas laterais. Enrole delicadamente a pasta americana no rolo de macarrão e transfira-a sobre uma asa: desenrole-a e cubra o bolo completamente. Com um cortador de pizza ou faca afiada retire o excesso de pasta. Faça o mesmo com a outra asa.

❶ Com o corante vermelho tinja 200 g de pasta americana de cor-de-rosa, abra-a e faça florzinhas grandes e pequenas. Tinja de preto a pasta restante e faça outras flores. Cole as flores grandes sobre as asas e sobreponha as flores pequenas umedecendo a superfície de adesão com um pincel molhado.

❷ Com a pasta americana cor-de-rosa faça um cilindro para formar o corpo e a cabeça da borboleta. Decore-o com tirinhas de pasta preta. Complete com os olhos e duas rodelas de alcaçuz desenroladas e pregadas à cabeça, se necessário com a ajuda de um palito. Una o corpo e as duas asas diretamente no prato em que vai ser servido.

*para*crianças*e*jovens

caminhão de bombeiros

material

3 bolos base retangulares de 10 cm x 15 cm (ou 1 bolo grande cortado em três blocos)
400 g de creme a gosto, ou de geleia para rechear
1 vidro de geleia de damasco
1 kg de pasta americana
corante alimentício em gel hidrossolúvel vermelho e preto
açúcar de confeiteiro
alcaçuz em rodelas e em tiras
confeitos amarelos, marrons e vermelhos
rolo de macarrão

Coloque um bolo no prato em que vai ser servido. Recheie-o com geleia ou creme a gosto. Sobre ele coloque o segundo bolo, recheie-o e finalmente coloque o terceiro bolo por cima. Passe na superfície uma camada fina de geleia de damasco aquecida.

❶ Para a cabina: modele a parte anterior cortando um lado do bloco de bolos até aproximadamente metade da altura. Baixe 2/3 da parte superior, aproximadamente 1 cm de profundidade. Modele os lados do caminhão.

❷ Para a parte posterior: modele o lado vertical posterior.

❸ Tinja a pasta americana de vermelho (reservando cerca de 100 g para as decorações brancas e cinzentas). Abra-a na área de trabalho pulverizada com açúcar de confeiteiro até a espessura aproximada de 4 mm a 5 mm, chegando a uma largura suficiente para cobrir o bolo inteiro. Cubra-o e retire a pasta em excesso. Cuidado para não quebrar a cobertura nos cantos do bolo.

❹ Abra a pasta branca e modele o para-brisa e os dois vidros laterais. Cole-os no caminhão umedecendo-os levemente.

❺ Com o preto tinja pouca pasta de cinza, abra-a e modele os faróis, a chapa, a sirene, o para-choque, o radiador e a ponta das mangueiras; aplique-os umedecendo um pouco a superfície. Modele os espelhos retrovisores e fixe-os com o auxílio de dois palitos. Para os faróis, use também confeitos amarelos e vermelhos. Aplique 4 rodelas de alcaçuz como rodas. Com a pasta vermelha forme os para-lamas. Cole duas rodelas de alcaçuz desenroladas nos dois lados como hidrantes. Faça a escada com as tiras de alcaçuz, colando as diversas peças com glacê.

O confeiteiro aconselha
Para uma versão mais simples, apoie o molde da p. 120 sobre o bolo e recorte com uma faca de serra: depois, decore-o como explicado acima.

criativos

biscoitos monstrinhos

material para 20 a 25 biscoitos
500 g de massa para biscoito (ver receita na p. 16)
300 g de glacê real branco
200 g de chocolate amargo
confeitos diversos, rolo de macarrão
2 sacos de confeitar descartáveis com bicos diversos

❶ Prepare a massa para biscoito, abra-a com o rolo de macarrão numa espessura aproximada de 5 mm e com um cortador de massa ou um copo faça muitos círculos iguais. Asse em forno a 180 °C até que fiquem bem dourados. Espere esfriar (você também pode fazê-los com pâte brisée ou utilizar biscoitos comprados prontos, desde que sejam lisos.

❷ Prepare o glacê real branco com densidade firme (não deve escorrer da colher) e derreta o chocolate amargo em banho-maria. Encha os sacos de confeitar, um com o glacê, o outro com o chocolate. Cole o glacê branco sobre os biscoitos de modo a cobrir a superfície

❸ Enquanto o glacê ainda estiver macio e grudento, decore os biscoitos com os confeitos formando o corpo dos insetos. Desenhe as patas e as antenas com o chocolate derretido.

biscoitos botões

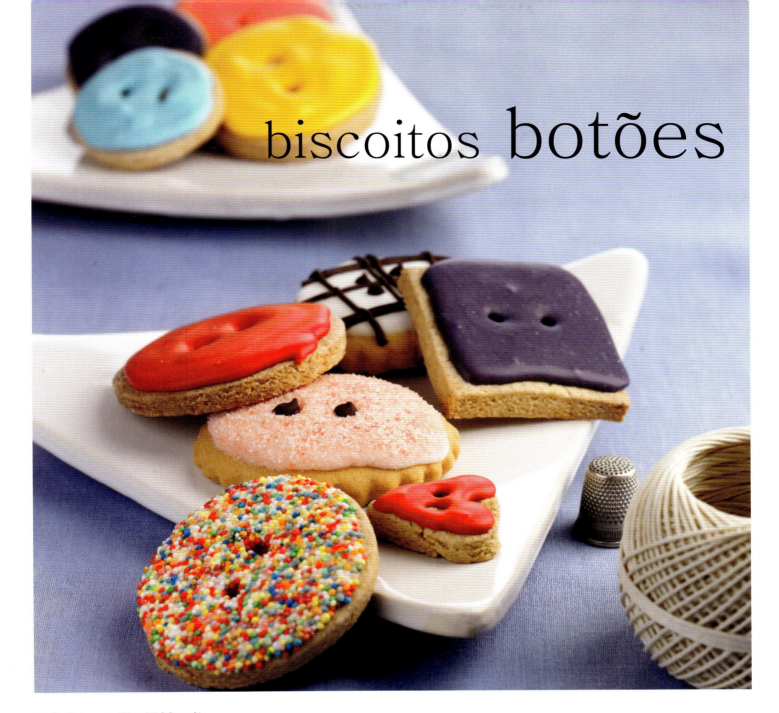

material para 20 a 25 biscoitos
500 g de massa para biscoito (ver receita na p. 16)
400 g de glacê real branco
confeitos coloridos, a gosto, redondos ou granulados
10 g de açúcar colorido
corantes alimentícios em gel hidrossolúvel
1 canudinho, rolo de macarrão
tantos sacos de confeitar descartáveis quantas forem as cores

❶ Prepare a massa para biscoito, abra-a a uma espessura aproximada de 5 mm e com um cortador de massa ou um copo recorte vários discos iguais. Com um canudinho de plástico faça dois ou quatro buracos em cada botão. Asse no forno a 180 °C até que fiquem dourados. Espere esfriar. Prepare o glacê real branco até ficar firme e divida-o em tantas tigelas quantas forem as cores que quer utilizar. Cubra logo com filme transparente para que não endureça. Encha os sacos de confeitar com os glacês coloridos e cubra os biscoitos sem tapar os buracos. Decore os biscoitos antes de o glacê endurecer.

*para*criançasejovens

muffin pinguim

material
1 muffin (ver receita na p. 15)
1 pacotinho de bolo pronto de baunilha (cerca de 30 g)
300 g de glacê real
corante alimentício em gel hidrossolúvel preto
alcaçuz em rodelas
marshmallows brancos ou amarelos
confeitos brancos ou amarelos
espátula
faca afiada
caneta preta para decorar alimentos
palitos

❶ Com uma espátula pequena cubra o muffin de glacê preto, movendo a espátula em círculos para alisá-lo. Apoie o muffin na área de trabalho e insira no centro três palitos em triângulo.

❷ Para fazer a cabeça do pinguim, corte um pedaço do bolo proporcionalmente à medida do muffin. Se necessário, arredonde-o, depois firme-o sobre os palitos para dar forma ao pinguim. Cubra com glacê preto essa parte também.

❸ Com uma faca afiada corte uma fatia fina de marshmallow branco e aplique-a no muffin de base como barriga do pinguim. Corte também uma fatia de marshmallow amarelo e recorte o bico e as patas.

❹ Aplique o bico pressionando-o levemente sobre o glacê ainda macio para colá-lo. Mas para as patas, enfie os pedaços de marshmallow na ponta de um palito e insira-os na base do muffin usado como corpo. Aplique os confeitos como olhos, desenhando a pupila com uma caneta preta para decorar alimentos. Finalmente, corte na metade uma rodela de alcaçuz e aplique as duas metades nos lados do pinguim, como se fossem as asas.

O confeiteiro aconselha
A caneta para decorar alimentos, muito útil neste tipo de confeitaria decorativa, pode ser encontrada nas lojas especializadas. Os mais hábeis podem criar os cristais de neve com o glacê de açúcar, trabalhando-o sobre uma área de mármore ou em papel antiaderente, utilizando a técnica do palito para "puxar" e modelar o glacê. Depois de seco, o glacê é bem frágil, mas tão manuseável quanto uma bala.

paracriançasejovens 83

piscina de mar

material
Para o bolo
1 bolo base de Ø 22 cm
1 vidro de geleia de damasco
700 g de pasta americana
 (400 g serão tingidos de azul-claro,
 150 g de azul-escuro, 100 g de
 vermelho e 50 g de branco)
corante alimentício em gel
 hidrossolúvel azul e vermelho
açúcar de confeiteiro

Para os peixes
50 g de chocolate amargo
50 g de chocolate ao leite
150 g de chocolate branco
corantes alimentícios em gel
 lipossolúvel vermelho, azul escuro e
 amarelo, papel-manteiga
1 folha de acetato, pincel
rolo de macarrão, cortador de pizza

Para os peixes: ver p. 25

Para o bolo: coloque o bolo no prato de servir. Aqueça a geleia de damasco por alguns minutos no micro-ondas ou em banho-maria e espalhe uma camada fina com um pincel sobre o bolo.

❶ Com algumas gotas de corante azul-escuro tinja 400 g de pasta americana de azul-claro e abra-a com o rolo de macarrão sobre uma área de trabalho pulverizada com açúcar de confeiteiro, até chegar a uma espessura aproximada de 4 mm a 5 mm e largura suficiente para cobrir o bolo inteiro, inclusive as laterais. Enrole delicadamente a pasta americana no rolo de macarrão e transfira-a para o bolo, desenrole-a e cubra-o completamente. Com um cortador de pizza ou uma faca afiada retire a pasta em excesso.

❷ Tinja de azul mais escuro 150 g de pasta americana e abra-a na espessura de 4 mm a 5 mm, com a altura da lateral do bolo, formando uma tira com comprimento suficiente para cobrir toda a circunferência de base. Umedeça as laterais do bolo com um pincel e aplique aí a tira azul. Retire o excesso de pasta.

❸ Tinja de vermelho 100 g de pasta americana e forme uma "cordinha" com cerca de 1 cm de espessura, com comprimento igual à circunferência do bolo. Umedeça a borda superior do bolo e aplique a cordinha vermelha (começando no ponto do início da borda azul). Com a pasta americana branca forme um salva-vidas e decore-o com pasta americana vermelha.

*para*criançasejovens

um bolo inspirado na maquiagem toda preta de muitas adolescentes, mais que crianças e quase mulheres, homenagem a um dos animais mais amados

bolo panda

material
1 bolo base de Ø 18 cm
1 vidro de geleia de damasco
600 g de pasta americana (200 g serão tingidos de preto)
açúcar de confeiteiro
rolo de macarrão, faca serrilhada

Decalque com um papel transparente tipo papel-manteiga o modelo do panda (ver p. 121) e recorte-o em cartolina. Apoie o modelo de cartolina sobre o bolo e com uma faca serrilhada mantida na vertical recorte o bolo. Coloque-o sobre o prato de servir. Aqueça a geleia de damasco por alguns minutos no micro-ondas ou em banho-maria e espalhe uma camada fina sobre o bolo com um pincel.

❶ Na área de trabalho pulverizada com açúcar de confeiteiro, abra a pasta americana com o rolo de macarrão até uma espessura aproximada de 4 mm a 5 mm e até chegar a uma largura suficiente para cobrir o bolo e as laterais. Enrole delicadamente a pasta americana no rolo de macarrão e transfira-a para o bolo. Desenrole-a e cubra o bolo. Com um cortador de pizza retire o excesso de pasta.

❷ Tinja de preto 200 g da pasta americana e abra-a deixando-a espessa para formar as orelhas: aplique-as umedecendo ligeiramente a superfície de adesão, se for necessário, fixando-as com um palito. Modele, também em preto, as manchas dos olhos e o nariz. Dilua um pouco de corante preto em um pratinho e pinte a boca com um pincel, a partir do centro do nariz.

paracriançasejovens 87

abóbora de halloween

material
1 bolo base de Ø 18 cm
1 vidro de geleia de damasco
600 g de marzipã (400 g serão tingidos de laranja, 100 g de verde, 50 g de preto e 50 g de branco)
corantes alimentícios em gel hidrossolúvel laranja, verde e preto
açúcar de confeiteiro, cartolina
faca serrilhada
pincel, rolo de macarrão
cortador de pizza

Recorte o molde da abóbora e passe para a cartolina. Apoie-a no bolo de base. Com uma faca serrilhada na vertical corte o bolo, depois coloque-o no prato de servir. Aqueça a geleia de damasco por alguns minutos no micro-ondas ou em banho-maria e espalhe, ainda quente, uma camada fina sobre o bolo, com um pincel.

❶ Tinja o marzipã com o corante laranja e abra-o com o rolo de macarrão sobre a área de trabalho pulverizada com açúcar de confeiteiro, até chegar a uma espessura aproximada de 5 mm a 6 mm e a uma largura suficiente para cobrir o bolo e as laterais. Enrole delicadamente o marzipã no rolo de macarrão e transfira-o para o bolo: desenrole-o, cubra o bolo completamente e modele a superfície com as mãos. Com um cortador de pizza ou uma faca afiada, retire a pasta em excesso.

❷ Tinja com algumas gotas de corante verde 50 g de marzipã, depois abra-o em uma espessura fina com o rolo de macarrão, recorte as folhas e aplique-as no topo da abóbora. Ainda usando a pasta verde modele tirinhas, enrole-as um pouco e aplique-as em alguns lugares como gavinhas.

❸ Tinja de preto 50 g de marzipã, abra-o e recorte três triângulos: dois para os olhos da abóbora e um para o nariz. Com a faca, recorte uma forma irregular para a boca. Cole todos os detalhes umedecendo antes a superfície do bolo com um pincel ligeiramente embebido na água. Com o marzipã que sobrou na cor original, faça dois pequenos círculos que serão utilizados para criar as pupilas da abóbora.

*para*criançasejovens

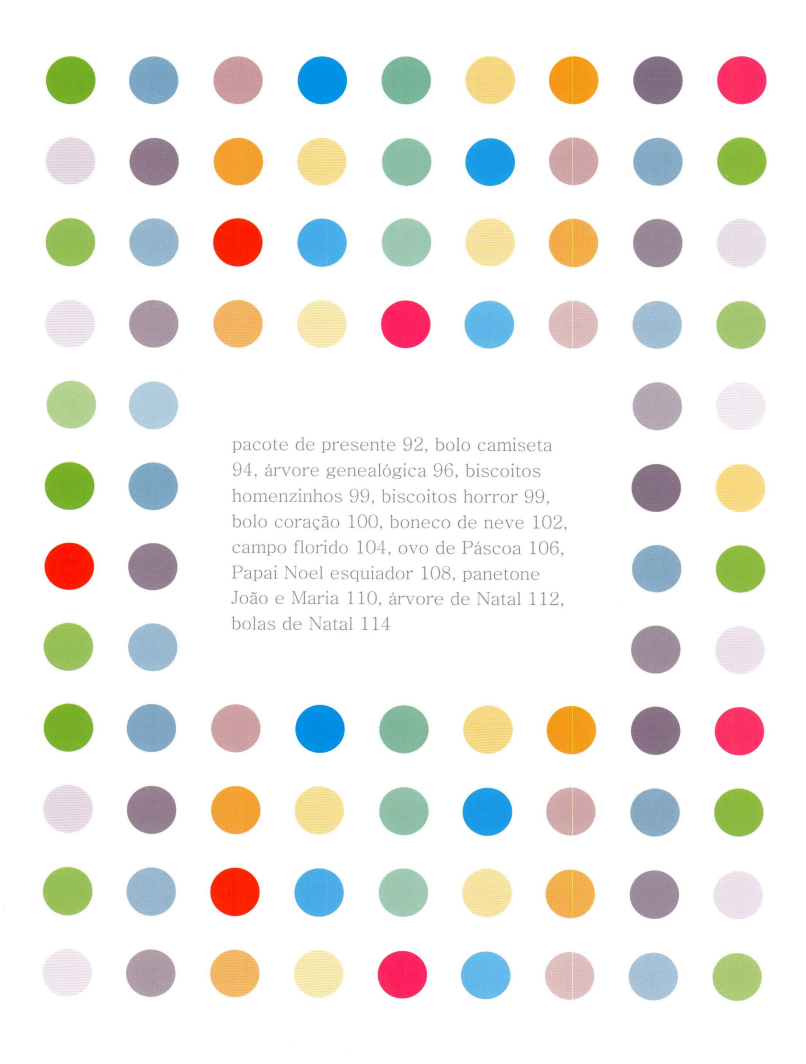

pacote de presente 92, bolo camiseta 94, árvore genealógica 96, biscoitos homenzinhos 99, biscoitos horror 99, bolo coração 100, boneco de neve 102, campo florido 104, ovo de Páscoa 106, Papai Noel esquiador 108, panetone João e Maria 110, árvore de Natal 112, bolas de Natal 114

bolos criativos
para festas

bolos

pacote de presente

material
3 bolos base quadrados com 10 cm de comprimento e altura aproximada de 3 cm
1 vidro de geleia de damasco
700 g de pasta americana ou marzipã
corante alimentício em gel hidrossolúvel vermelho
açúcar de confeiteiro
50 g de glacê branco
rolo de macarrão, cortador de pizza

Coloque um dos bolos no prato de servir e espalhe por cima bastante recheio de geleia ou creme, a gosto. Sobre ele, coloque o segundo bolo, novamente cubra-o com recheio e depois sobreponha o terceiro bolo. Aqueça a geleia de damasco no micro-ondas ou em banho-maria e espalhe, ainda quente, uma camada fina sobre o bolo, com um pincel.

❶ Tinja de vermelho a pasta americana, reservando cerca de 200 g branca para fazer a fita. Na área de trabalho pulverizada com açúcar de confeiteiro, abra a pasta vermelha com o rolo de macarrão até uma espessura aproximada de 4 mm a 5 mm e uma largura suficiente para cobrir o bolo inteiro, inclusive as laterais. Enrole delicadamente a pasta americana no rolo de macarrão para transferi-la para o bolo e cobri-lo todo. Cuidado para não romper a cobertura nos cantos superiores do pacote. Onde a pasta formar pregas, alargue-a delicadamente para estendê-las. Com um cortador de pizza ou uma faca afiada retire a pasta em excesso.

❷ Para fazer a tampa (opcional), faça uma fita de pasta vermelha, enrole-a delicadamente sem amassá-la. Depois de ter umedecido levemente a parte superior dos lados do pacote, aplique-a em volta para formar a borda. Recorte também um quadrado tão grande quanto a parte superior do bolo e depois sobreponha-o após ter umedecido a parte a ser colada. Una então delicadamente as bordas do quadrado e dos lados da tampa.

❸ Abra agora a pasta americana branca, faça tiras para colar em forma de fita nos lados do pacote. Forme também o laço e deixe-o secar inserindo nos vãos um pouco de filme para alimentos amassado, para manter a forma. Com o glacê branco cole, enfim, o laço na parte superior do pacote.

bolos criativos

criativos

um bolo personalizado com o número de anos de quem o receberá, apropriado para festejar os míticos 18 anos na melhor forma

bolo camiseta

material
1 bolo base de Ø 22 cm
1 vidro de geleia de damasco
500 g de pasta americana
corante alimentício em gel hidrossolúvel laranja
açúcar de confeiteiro
confeitos
barbante de cozinha
pregadores de madeira
cartolina
rolo de macarrão
pincel, cortador de pizza

Prepare e asse o bolo que escolheu, depois espere esfriar. Passe o molde da camiseta (ver p. 125) para uma folha de papel-manteiga ou cartolina, apoie-o sobre o bolo e recorte seguindo os contornos da camiseta com uma faca serrilhada mantida na vertical para não amassar o bolo e obter um corte preciso. Aqueça a geleia de damasco no micro-ondas ou em banho-maria e espalhe, ainda quente, uma camada fina sobre o bolo com o auxílio de um pincel.

❶ Tinja de laranja a pasta americana reservando uma pequena quantidade suficiente para realizar o número para ser aplicada na camiseta. Na área de trabalho pulverizada de açúcar de confeiteiro, abra-a com o rolo de macarrão até uma espessura aproximada de 3 mm a 4 mm e largura suficiente para cobrir o bolo todo. Enrole delicadamente a pasta americana no rolo de macarrão para transferi-la e cubra completamente o bolo, retirando a pasta em excesso com um cortador de pizza ou uma faca afiada.

❷ Tinja a gosto a pouca pasta que reservou, abra-a com o rolo de macarrão, recorte o número e cole-o sobre a camiseta umedecendo levemente a superfície com um pincel molhado na água.

parafestas 95

um bolo fácil de fazer, mas de grande impacto para uma festa divertida; para crianças ou adultos que ainda têm vontade de brincar

árvore genealógica

material
1 bolo base de Ø 18 cm
1 vidro de geleia de damasco
700 g de pasta americana branca
corantes alimentícios em gel hidrossolúvel cor-de-rosa, marrom, preto, amarelo e vermelho
caneta para decorar alimentos
balinhas em forma de coração
algumas folhas verdadeiras
pincel
rolo de macarrão
cortador de pizza
espremedor de alho

Coloque o bolo no prato de servir. Aqueça a geleia de damasco por alguns minutos no micro-ondas ou em banho-maria e, ainda quente, espalhe uma camada fina sobre o bolo com um pincel.

Na área de trabalho pulverizada com açúcar de confeiteiro abra a pasta americana branca até uma espessura aproximada de 4 mm a 5 mm, chegando a uma largura suficiente para revestir todo o bolo, inclusive as laterais. Enrole delicadamente a pasta americana em filme plástico para que não resseque. Com o cortador de pizza ou uma faca afiada, retire o excesso de pasta americana.

❶ Tinja de cor-de-rosa claro cerca de 150 g de pasta americana para montar a árvore; tinja uma pequena quantidade de pasta para fazer os rostos. Envolva a pasta americana no filme plástico para ela não ressecar.

(continua na pág. 98)

*para*festas 97

❷ Para formar os rostos, recorte na pasta americana cor-de-rosa tantos círculos quantos forem os personagens que quiser reproduzir. Para o cachorro, use a pasta americana marrom.

❸ Para formar o cabelo, esprema a pasta americana colorida (a gosto) com um espremedor de alho e deixe os fios de cabelo na medida certa cortando-os com uma faca. Umedeça a borda superior dos círculos cor-de-rosa e aplique os cabelos, acertando-os, se necessário, com uma tesoura.

❹ Faça os outros detalhes (chapéu, babador, óculos, barba, bigodes, etc.) com a pasta colorida e aplique-os usando um pincel umedecido para grudá-los melhor.

❺ Desenhe os olhos mergulhando a ponta de um palito no gel colorido ou usando uma caneta para decorar alimentos.

❻ Aplique as balinhas em forma de coração umedecendo um pouco a superfície, usando-as como boca dos personagens femininos. Com um pincel fino molhado na cor delineie a boca dos personagens masculinos.

❼ Para a árvore, coloque um pouco de gel marrom em um pratinho, dilua-o com algumas gotas de água e desenhe no bolo o tronco e os galhos com o pincel. Use também o pincel umedecido para aplicar as diversas carinhas. Finalmente disponha as folhinhas aqui e ali, a gosto.

O confeiteiro aconselha
Cuidado ao escolher o corante: o gel hidrossolúvel é apropriado tanto para a pasta americana como para o marzipã e o glacê, enquanto o corante em pó e o líquido são usados exclusivamente para o glacê. Ao contrário, para o chocolate devem-se usar os corantes lipossolúveis.

bolos criativos

biscoitos homenzinhos

material para 10 a 20 biscoitos
400 g de massa para biscoito (ver p. 16)
100 g de glacê real
alguns confeitos prateados
forminhas, saco de confeitar

Abra a massa para biscoito com uma espessura aproximada de 0,5 cm, depois recorte os moldes com forminhas ou a mão livre. Asse os biscoitos no forno até ficarem bem dourados. Espere esfriar. Encha um saco de confeitar com o glacê e decore os homenzinhos a gosto.

biscoitos horror

material para 15 a 20 biscoitos
400 g de massa para biscoito (ver p. 16)
200 g de geleia de damasco

Abra a massa para biscoito com uma espessura de cerca 0,5 cm e faça um número par de círculos de aproximadamente 4 cm de diâmetro. Coloque a geleia em metade dos círculos e recorte os olhos e a boca na outra metade. Depois coloque uns sobre os outros e asse no forno até dourarem.

*para***festas**

quem nunca sonhou com um lindo bolo em forma de coração? Há mil oportunidades fazê-lo; encontre a mais adequada e saboreie um momento mágico

bolo coração

material
1 bolo base de Ø 22 cm (assado em uma forma coração)
1 vidro de geleia de damasco
500 g de marzipã
corante alimentício em gel hidrossolúvel vermelho
100 g de glacê real branco
açúcar de confeiteiro
rolo de macarrão
pincel
cortador de pizza
saco de confeitar

Coloque o bolo no prato de servir. Aqueça a geleia de damasco por alguns minutos no micro-ondas ou em banho-maria. Espalhe uma camada fina da geleia ainda quente sobre o bolo.

❶ Tinja de vermelho o marzipã e, na área de trabalho pulverizada com o açúcar de confeiteiro, estenda-o com o rolo de macarrão até uma espessura aproximada de 5 mm a 6 mm chegando a uma largura suficiente para cobrir o bolo todo, inclusive as laterais. Enrole delicadamente o marzipã no rolo de macarrão para transferi-lo para o bolo e cobri-lo completamente. Com um cortador de pizza ou uma faca afiada retire a pasta excedente.

❷ Dê brilho à superfície do bolo aplicando uma camada de geleia de damasco morna, diluída em um pouco de água.

❸ Encha um saco de confeitar com o bico redondo fino de glacê branco e trace uma grelha interna formada por linhas paralelas e perpendiculares, deixando em torno uma borda vazia de aproximadamente 2 cm. Desenhe na borda pequenos corações.

é possível organizar uma festa de inverno só para fazer, e depois saborear, estes bonequinhos de neve: divirta-se desenhando em cada um deles uma expressão diferente

boneco de neve

material para 1 boneco
1 muffin grande e um pequeno
   (ver p. 15)
300 g de glacê real branco
balas, confeitos, frutas cristalizadas,
   alcaçuz vermelho e preto em rodinhas
   e em tiras, biscoitos recheados
confeitos pretos para os olhos
espátula

Cubra o muffin grande com o glacê usando uma espátula, movendo-a em círculos até obter uma superfície bem lisa. Apoie o muffin na área de trabalho, deixe o glacê endurecer um pouco e depois introduza no centro três palitos em triângulo, sobre os quais será inserido o muffin pequeno, inclinado, que será a cabeça do boneco (ver p. 21). Cubra este também com glacê branco. Decore o boneco de neve aplicando os confeitos pretos como olhos. Use depois as balas, tiras de alcaçuz, frutas cristalizadas e biscoitos a gosto para fazer os outros elementos que vão caracterizar o boneco. Se o glacê de cobertura endurecer demais, fixe os elementos com o auxílio de um pouco do glacê branco que sobrou.

O confeiteiro aconselha
Como os muffins são doces pequenos, os bonecos de neve serão decididamente mais representativos se forem feitos em série; um só elemento teria pouco impacto.
Portanto, é melhor fazer diversos e decorá-los da maneira mais criativa possível.

bolos criativos

parafestas 103

campo florido

material
1 bolo base de Ø 22 cm
1 vidro de geleia de damasco
pasta americana
corantes alimentícios em gel hidrossolúvel verde, preto e amarelo
açúcar de confeiteiro
1 folha de gelatina
espaguete de arroz, glacê branco
caneta preta para decorar alimentos
rolo de macarrão, pincel

Antes de tudo, prepare a abelha e as margaridas.

❶ Para a abelha: com a pasta americana amarela forme um pequeno cilindro para o corpo e uma bolinha para a cabeça. Com um palito, prenda a cabeça ao corpo. Com a caneta, trace as linhas do corpo tomando cuidado para não tocá-las com os dedos. Com a ajuda de um pequeno molde de papel, recorte as duas asas na folha de gelatina e depois introduza-as no corpo ainda mole. Tinja de preto alguns pedacinhos de espaguete de arroz e insira na cabeça para fazer as antenas da abelha.

❷ Para as margaridas: abra a pasta americana branca e recorte-a com uma forma de flor ou recorte as pétalas uma a uma com uma faca afiada. Espere que sequem em um suporte ou no filme, procurando manter a corola erguida. Tinja pouca pasta com o amarelo e forme duas bolinhas: amasse-as e pressione-as sobre uma peneira ou um ralador para dar o efeito pontilhado e cole-as no centro das corolas umedecendo um pouco a superfície. Espere secar por pelo menos 12 horas.

❸ Coloque o bolo em um prato de servir. Aqueça a geleia de damasco por alguns minutos no micro-ondas ou em banho-maria e espalhe-a sobre o bolo com um pincel.

❹ Tinja a pasta americana de verde-claro e abra-a com o rolo de macarrão na área de trabalho pulverizada com açúcar de confeiteiro até uma espessura aproximada de 3 mm a 4 mm, chegando a uma largura suficiente para cobrir o bolo todo, inclusive as laterais. Enrole delicadamente a pasta no rolo de macarrão para transferi-la para o bolo e cobri-lo completamente. Com um cortador de pizza ou uma faca afiada retire a pasta em excesso. Coloque sobre o bolo as duas margaridas e a abelha, fixando-as com um pouco de glacê branco. Com uma caneta preta para decorar alimentos ou um pincel fino pinte várias letras "Z" no bolo. Pode completar com uma bela fita da mesma cor.

*para*festas 105

um grande ovo de chocolate com recheio macio, rico em cremes apetitosos: decore-o livremente, liberando seu gênio criador

ovo de Páscoa

material
1 bolo base de Ø 22 cm
1 vidro de geleia de damasco
700 g de cobertura de chocolate (ver p. 24)
200 g de glacê real
corantes alimentícios em gel hidrossolúvel, a gosto
200 g de pasta americana
cartolina
faca serrilhada
pincel
saco de confeitar
filme

Asse o bolo de base em uma forma oval, ou então recorte o molde de um ovo em cartolina, coloque sobre o bolo e depois corte com uma faca serrilhada mantida na vertical. Com essa mesma faca serrilhada tire lascas do bolo de modo a arredondá-lo, dando-lhe a forma de ovo. Coloque-o sobre um papelão em forma de ovo um pouco menor do que o próprio bolo, e ponha sobre uma grade de doces, apoiando tudo em um prato de servir. Aqueça a geleia de damasco por alguns minutos no micro-ondas ou em banho-maria e com um pincel espalhe-a sobre o bolo.

❶ Prepare a cobertura de chocolate e despeje-a sobre o bolo, fazendo-a escorrer bem, também nas laterais. Espere secar.

❷ Tinja o glacê real com as cores que escolheu, depois encha diversos sacos de confeitar e decore a superfície do ovo a gosto.

❸ Tinja a pasta americana de cor de laranja e modele uma tira para formar o laço. Encha a parte interior do laço com um pouco de filme amassado para manter sua forma. Finalmente, disponha o laço na parte superior do ovo.

Papai Noel esquiador

material
1 pandoro comprado pronto
400 g de pasta americana
corantes alimentícios em gel hidrossolúvel vermelho, verde, marrom e preto (ou caneta preta para decorar alimentos)
açúcar de confeiteiro
faca serrilhada
palitos

Corte o pandoro obliquamente com uma faca serrilhada, de modo que a superfície superior fique com uma inclinação aproximada de 30°, e coloque-o no prato de servir.

❶ Para o Papai Noel: tinja de marrom uma pequena quantidade de pasta americana, abra-a numa espessura fina e recorte dois retângulos curtos e finos, una-os e dobre ligeiramente a ponta para obter os esquis. Tinja de vermelho uma parte da pasta americana que restou e modele uma bola um pouco achatada (o corpo) e dois pequenos cilindros (os braços) que se aplicam ao corpo depois de ter umedecido a superfície de adesão com um pincel.

Achate as extremidades inferiores para modelar as luvas. Prepare, enfim, dois pequenos cilindros para as pernas e um pequeno cone para colar sobre a cabeça como chapéu. Tinja de cor-de-rosa uma bolinha de pasta americana para fazer o rosto (reserve uma pequeníssima porção para o nariz) e fixe-a sobre o corpo com um palito. Com a caneta preta para decorar alimentos desenhe os olhos.

Para as botas, tinja de preto um pouco de pasta, modele dois cilindros curtos, dobre-os em "L" e cole-os sob as pernas.

Com a pasta branca faça as bordas das mangas e do chapéu, o bigode, o pompom do chapéu e a barba. Cole tudo umedecendo levemente a superfície. Com o auxílio de alguns palitos fixe Papai Noel sobre os esquis e depois sobre o pandoro. Para os bastões de esquiar aplique uma pequena bolinha de pasta marrom na extremidade de dois palitos.

❷ Para a árvore: tinja de verde o restante da pasta americana, prepare um longo cilindro de 1 cm de diâmetro, corte-o em pedaços de 0,5 cm de comprimento, depois modele em forma de cone formando a árvore diretamente no prato de servir. Pulverize o doce com açúcar de confeiteiro para simular a neve.

bolos criativos

*para*festas 109

uma maneira nova de levar à mesa o costumeiro panetone, personalizado com biscoitos cheirosos que as crianças vão gostar muito

panetone João e Maria

material
1 panetone
300 g de glacê real
900 g de massa para biscoito crua
açúcar de confeiteiro
corantes alimentares em gel
 hidrossolúvel marrom e vermelho
rolo de macarrão, faca lisa
faca serrilhada, saco de confeitar

Meça a circunferência do panetone e divida-a por 6 ou por 7, para calcular a medida da base de cada casa de biscoito que será utilizada para decorar o doce.

❶ Desenhe as casas em uma folha (utilizando os moldes da p. 122 e 123) e recorte-as mais altas do que o panetone.

❷ Coloque uma folha de papel-manteiga no tabuleiro e abra a massa de biscoito até uma espessura aproximada de 6 mm a 7 mm. Apoie os moldes sobre a massa e recorte os biscoitos com uma faca afiada. Asse em forno a 180 °C até dourar, desenforne e espere esfriar.

❸ Tinja ¼ do glacê real de marrom e reserve. Utilize a parte restante branca para decorar as casas de biscoito com um saco de confeitar com bico liso, e espere secar por cerca de 10 minutos. Com uma faca serrilhada acerte os lados do panetone para que cada casa fique bem aderida.

❹ Cole cada casa ao panetone com o glacê marrom: force a adesão fazendo pressão por alguns segundos. Finalmente, misture o glacê marrom que restou com o corante vermelho. Com o saco de confeitar desenhe o teto sobre o topo do panetone.

pequenos centros de mesa para comer, presentes doces, originais e únicos, para amigos que seguramente saberão apreciá-los

árvore de Natal

material
1 muffin grande e 1 menor (ver receita na p. 15)
300 g de glacê real
corante alimentício verde em gel hidrossolúvel
cerca de 30 confeitos coloridos
palitos
saco de confeitar com bico de estrela

❶ Tinja de verde o glacê real com o corante alimentício, misturando-o cuidadosamente. Encha um saco de confeitar com bico de estrela com o glacê verde.

❷ Cubra completamente a superfície do muffin maior aplicando o glacê em tufos em círculos concêntricos, iniciando pelo círculo mais externo. Faça isso de modo que cada tufo fique com a ponta voltada para fora.

❸ Apoie o muffin na área de trabalho, espere que o glacê endureça um pouco e depois introduza no centro do muffin três palitos em triângulo, sobre os quais prenderá o muffin menor. Cubra este último com o glacê verde em tufos, terminando com uma ponta de glacê voltada para o alto.

❹ Aplique os confeitos coloridos logo, antes que o glacê endureça, para decorar as pequenas árvores de Natal.

O confeiteiro aconselha
Utilize estas pequenas árvores de Natal como marcadores de lugar na mesa da ceia. No final da refeição, cada convidado terá um doce para comer ou para levar para casa como suvenir.

são uma variação superdoce dos enfeites natalinos mais tradicionais; não são pendurados na árvore, mas muito apropriados para dar de presente ou virar enfeites de mesa

bolas de Natal

material

1 muffin para cada bola de Natal (ver receita na p. 15)
200 g de glacê real branco
balas, frutas cristalizadas
alcaçuz vermelho e preto em rodelas e fitas
confeitos coloridos e prateados
confeitos granulados, açúcares coloridos
espátula
saco de confeitar

❶ Com uma espátula, cubra o muffin com glacê branco, movendo a espátula em círculos para obter um efeito bem liso. Apoie o muffin na área de trabalho e comece a decorá-lo a gosto, usando balas, alcaçuz em rodelas e em fita, frutas cristalizadas e confeitos coloridos. Se o glacê ficar duro demais, é possível fixar os elementos com um pouco do glacê branco que sobrou, com o auxílio de um pincel ou de um palito. Os mais hábeis poderão criar pequenas figuras com o glacê de açúcar utilizando um saco de confeitar com bico de 3 mm para desenhar a figura, em relevo, diretamente sobre a bola, e depois pintando-a com um pincel quando a figura estiver pronta.

❷ O toque final, que torna as bolas de Natal ainda mais realistas é o "gancho" preto para pendurá-las: ele é feito com um pequeno tronco de alcaçuz colado com um pouco de glacê no topo do muffin, completado por uma tirinha preta, enrolada como anel, obtida de uma rodela de alcaçuz. Se você pretende aplicar confeitos coloridos ou granulados como purpurina, espalhe-os no glacê antes que endureça. Finalmente, espere que o glacê seque e apresente os muffins bola de Natal inclinados (como na foto) para que não se veja a base de papel.

bolos criativos
moldes

os moldes que se seguem estão, na medida do possível, no tamanho natural, ou seja, prontos para fazer os bolos na medida especificada em cada receita

bolo bolsa p. 36

moldes 117

voo das borboletas p. 42

sapato plataforma p. 38

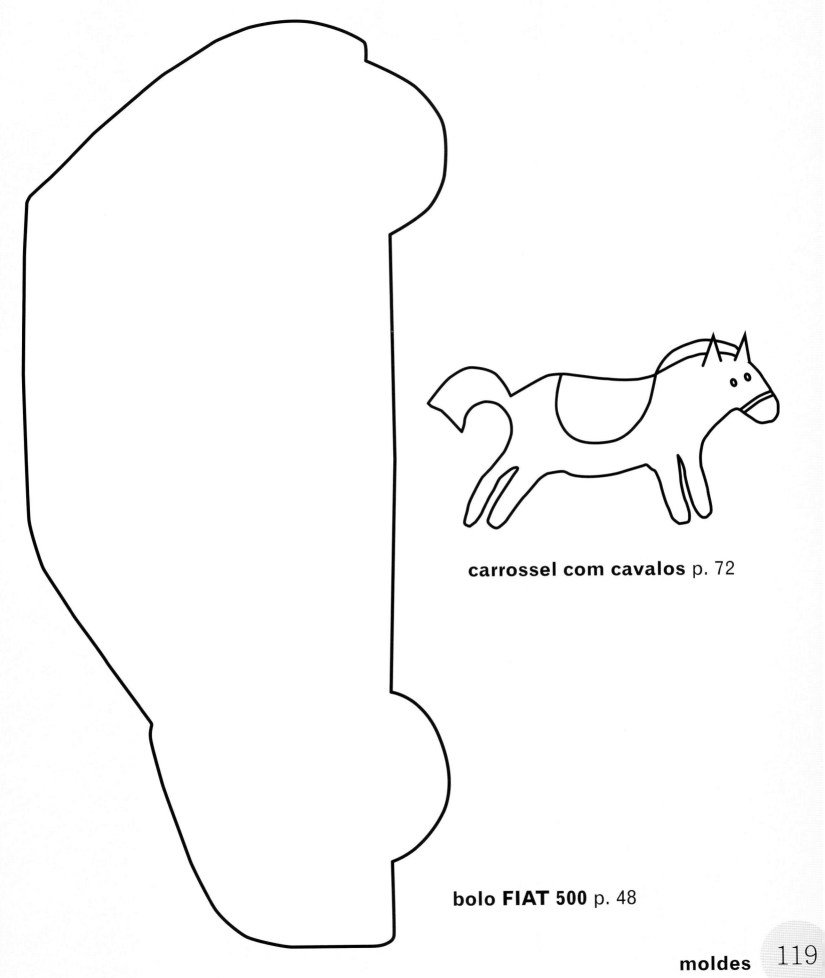

carrossel com cavalos p. 72

bolo FIAT 500 p. 48

moldes 119

caminhão de bombeiros p. 78

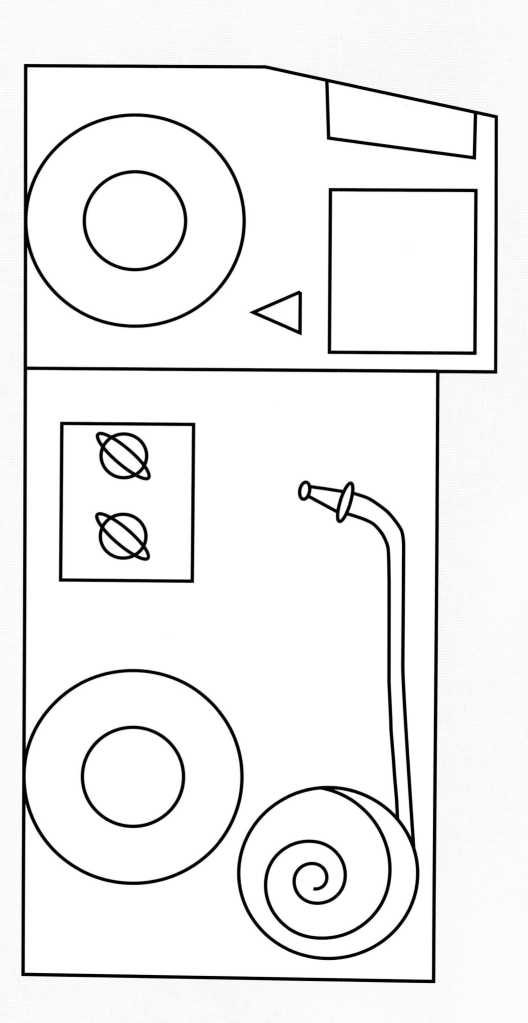

bolo panda p. 86

moldes 121

panetone João e Maria p. 110

moldes 123

124

bolos criativos

bolo vaca p. 70

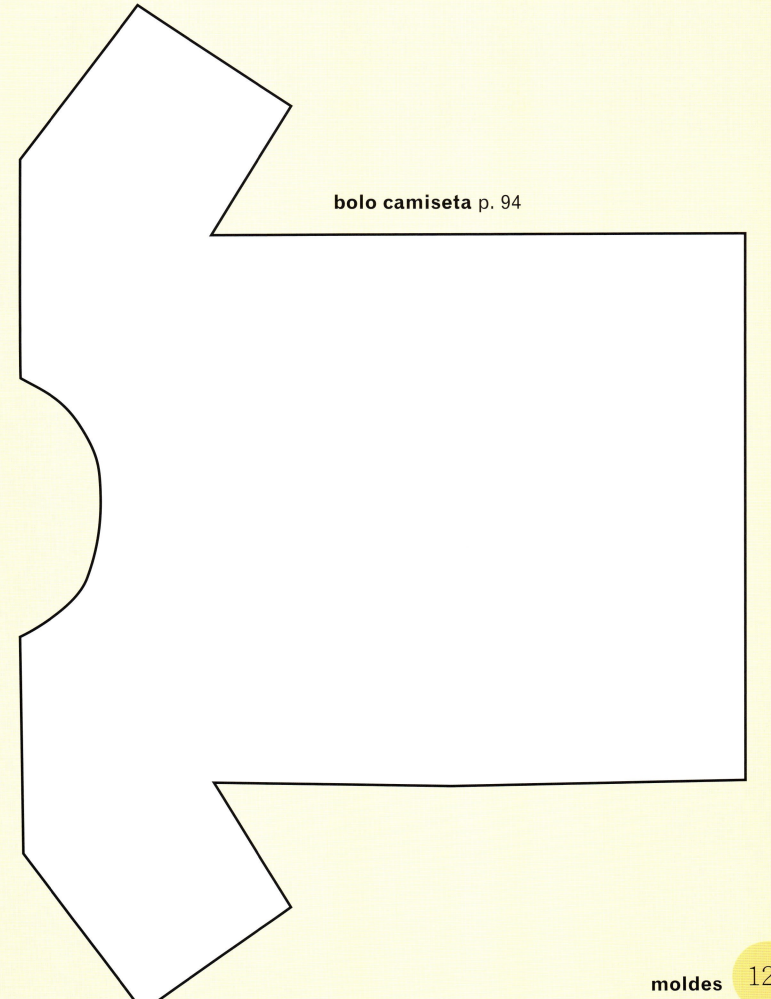

bolo camiseta p. 94

moldes 125

índice das receitas e dos bolos

A
abóbora de halloween 88
americano com bombom 66
americano com *pois* 32
árvore de Natal 112
árvore genealógica 96

B
biscoitos botões 81
biscoitos em branco e preto 63
biscoitos flores pop art 50
biscoitos homenzinhos 99
biscoitos horror 99
biscoitos monstrinhos 80
bolas de Natal 114
bolo 4 partes 11
bolo bolsa 36
bolo borboleta 76
bolo camiseta 94
bolo chococafé 8
bolo com bolinhas coloridas 44
bolo com carimbos 64
bolo com frutas vermelhas 34
bolo coração 100

bolo dado 52
bolo de amêndoas com laranja 14
bolo de amêndoas e chocolate 14
bolo de cenoura 12
bolo de creme de ricota 10
bolo de iogurte 11
bolo de nozes com cobertura 11
bolo de trigo sarraceno 9
bolo FIAT 500 48
bolo flores cobertas de neve 62
bolo girassol 58
bolo macio de frutas cítricas e chocolate
   ao leite 12
bolo manchado 10
bolo Mondrian 54
bolo óptico 56
bolo panda 86
bolo rústico de Capri 13
bolo vaca 70
bolo technicolor 46
boneco de neve 102

C
caminhão de bombeiros 78

campo florido 104
carrossel com cavalos 72
cobertura de chocolate 24
creme 17
creme de café 17
creme de chocolate 17
creme de limão 17
creme de manteiga e chocolate 24
creme macio de chocolate e avelãs 17

D

doce de manteiga com calda de frutas cítricas 9

G

glacê de chocolate 24
glacê real 22

H

horta perfeita 60

M

massa para biscoitos 16
merengue 16
muffin 15

muffin alce 75
muffin de chocolate 15
muffin pinguim 82

O

ovo de Páscoa 106

P

pacote de presente 92
panetone João e Maria 110
pão de ló 8
Papai Noel esquiador 108
pasta americana 18
pasta americana com marshmallow 18
pasta de amêndoas (marzipã) 18
pirâmide de muffins 40
piscina de mar 84

S

sapato plataforma 38

T

torta Sacher 13

V

voo das borboletas 42

Bolos Criativos